はじめての政治学

【第３版】

佐藤史郎 Shiro Sato
上野友也 Tomoya Kamino
松村博行 Hiroyuki Matsumura
［著］

法律文化社

はしがき

本書は『はじめての政治学』の第3版である。初版を2014年に上梓してから、約7年の歳月が流れたことになる。このあいだに、わかりやすいというお声や、授業で使いやすいというお褒めの言葉もいただいたりした。『はじめての政治学』が長く多くの人たちに親しまれていることに、執筆者一同、喜んでいる。

私たちは、やさしい言葉と文章で政治学を学んでもらうために、また、政治の問題を自分たちの問題としてとらえてもらうために、『はじめての政治学』を企画した。初版の刊行から、いまもこの「ねらい」に変わりはない。けれども、いまの政治状況をより深く理解するためには、若者の政治意識、女性の政治参画、ポピュリズム、世論とSNSなどの新しい話題を取り扱う必要があった。こうして生まれたのが、第3版となる本書である。

学生と話していると、政治のイメージは、権力闘争、カネ、汚職、裏切りといったように、かなり悪い。しかし政治は、異なる利害や価値観をもつ人たちのあいだで生じる対立を調整することで、よりよい人間関係や社会を構築していくという、人間の営みでもある。『はじめての政治学』を読み、政治学の基礎知識を身につけることで、一人でも多くの読者が意欲的に政治に関わることになれば幸いである。

最後に、『はじめての政治学』を応援し続けてくれる法律文化社の小西英央さんに感謝を申し上げる。第3版では、これまで本の末尾にあった「読書案内」を各章の終わりごとに分けて載せることにした。これは小西さんのアイデアである。『はじめての政治学』が授業などでより使いやすいものになったとすれば、それは小西さんのおかげである。

2020年11月　執筆者を代表して　佐藤　史郎

目　　次

コラム目次

1章 政治とは何か

この章で学ぶこと

政治ってよく聞く言葉だけれど、そもそも政治って何だろうか。この章では、政治とは何かを考えてみよう。また、いわゆる「シルバー民主主義」の話をしながら、政治と私たちの日常の生活が密接な関わりをもっていることを確認しよう。さらに、この章では、政治学が対象とする政治とは何か、また政治学とは何かについても考えてみよう。

1　政治は自分の日常生活に関係がないと思っていたら…

1-1　忙しい毎日

みなさんは、授業が終わったあとに、部活やアルバイトなどをしていて、忙しい時間をすごしているのではないだろうか。「大学生って時間がたくさんあっていいね。うらやましい」と言われることが多いと思う。だが、大学生というのは実はとても忙しい、というのが現実ではないだろうか。

読者のみなさんは、日々の生活に忙しくて、政治に関心がないかもしれない。また、そもそもとして、政治なんて自分の日常生活に関係がない、と思っているかもしれない。あるいは、選挙にいったとしても私一人の一票で社会は変わらない、と思っているかもしれない。しかし、それらは本当だろうか。忙しい毎日をおくっているからこそ、この章をきっかけに少し立ち止まって、一緒に考えてみよう。

1-2　若者の投票率

みなさんは、選挙にいったことがあるだろうか。いったことがあると答えてほしいところだが、いかなかった人は、なぜいかなかったのだろうか。おそらく、「面倒だった」「バイトで忙しかった」「投票の仕方がわからなかった」などが、選挙にいかなかった理由としてあげられよう。ここで、若者たちがどのくらい選挙にいったのか、いかなかったのかを、数字で確認してみたい。

2019年7月に第25回参議院議員選挙がおこなわれた。この選挙の投票率は全体で48.80％だった。つまり、選挙権をもっている人たち（これを**有権者**という）のなかで、約半分しか選挙にいっていないということがわかる。さらに、投票率を年代別でみてみると、何がわかるだろうか。10歳代の投票率は32.28％、20歳代が30.96％、30歳代が38.78％、40歳代が45.99％、50歳代が55.43％、60歳代が63.58％、70歳代以上が56.31％であった。ここから簡単にわかることは、10歳代と20歳代の若者の投票率は、60歳代と70歳代以上の投票率と比べて、低い水準にあるということである。つまり、若者よりもお年寄りのほう

女性の政治参画

日本の国会議員の女性比率は低いといわれている。たとえば、内閣府男女共同参画局が作成した「女性の参画マップ2020」によれば、衆議院の女性議員比率は9.9%、参議院では22.9%となっている。世界の女性議員比率は、平均で約25%となっていることから、日本の女性議員の比率は低いといえよう。国別の順位でみれば、調査対象国190カ国のうち、日本は163位となっている。なお、国際機関などでは、女性が男性と平等に議論することができるためには、女性議員の比率は少なくとも30%を占めなければならないとしている。このような考え方を「**クリティカル・マス**」という。

それでは、なぜ、女性が政治に参画したほうがいいのだろうか。まず、女性がいない政治は、民主主義に基づく政治とはいえないからである。民主主義は、性別に関係なく、すべての国民が政治に参加して、意思決定をおこなうという制度である。つぎに、男性議員が見落としがちな問題を争点化できるからである。たとえば、女性に対する暴力といった問題を争点化し、女性の意見を政策に反映していくことは、きわめて重要であるといえよう。

ところで若者は、日本の女性議員の比率について、どのように考えているのだろうか。日本財団がおこなった国政選挙に関する「18歳意識調査」の報告書（2019年6月）では、「増えた方がいい」と考えている人が58.5%、「今のままでいい」が15.8%、「減った方がいい」が1.8%、「わからない」が23.9%であった。すなわち、若者の約6割が女性議員の比率を増やしたほうがいいと考えているのである。

なぜ女性議員の比率は「増えた方がいい」のであろうか。また、「今のままでいい」、「減った方がいい」、「わからない」と回答した理由は、それぞれどのようなものなのだろうか。上記の日本財団による調査によれば、若者たちは以下のように回答している。

「増えた方がいい」理由

女性目線の意見や政策がほしい	少ないと思うから
男女平等であるべき	海外の国と比べたら、日本の女性議員は少ないから
女性が社会で活躍するため	

「今のままでいい」理由

無理に女性議員を増やす必要がない	人数を変えても影響がない

「減った方がいい」理由

なんとなく	よく分からない
知らない	意味がない

「わからない」理由

国会、政治について詳しくない	どのぐらいの比率が適切かわからない
性別より能力	関心がない

あなたは女性が政治に参画したほうがいいと考えるのか、あるいは、そうではないのか。みんなで意見交換をしながら、自分の意見をまとめてみよう。

が選挙にいっている、ということだ。そうだとすると、若者が選挙にいかなかった場合、若者たちにとって、どのような社会になるのだろうか。

1-3 選挙にいかないと若者にとって不利な社会になる!?

民主主義の原理の１つが多数決である。そのため、民主主義の社会において、政治家が選挙で勝利するためには、他の立候補者よりも多くの票を獲得しなければならない。そして、できるかぎり多くの票を勝ち取るために、政治家を志す立候補者たちは、駅前の広場などで街頭演説というものをおこなう。「私が当選したら、図書館や映画館などを整備して、子どもたちが住みやすい街にします！」とか、「毎月の奨学金の返済はきつくないですか。私に投票してください。奨学金の返済方法などを見直します！」とアピールして、自らの政策などを有権者に演説するのである。学校や会社帰りに、一度は街頭演説をみたことがあるだろう。

ここで、みなさんが立候補者になったと仮定してみよう。選挙で多くの票を手に入れるためには、どうすればよいのだろうか。いろいろな方法はあるが、さきほどみたように、若者よりもお年寄りのほうが選挙にいっている、といういまの日本の状況をふまえて考えてみよう。さて、あなたなら、どうするか。一番に思いつくのは、お年寄りから票を獲得するために、お年寄りの意見や考えを尊重して、それらを政策に反映させることではないだろうか。そして、そのことを街頭演説などでお年寄りにアピールすることではないだろうか。

もし筆者が立候補者だったら、「お年寄りのみなさん、いまの年金の支給額は少なくないですか。ぜひ私に一票をよろしくお願いします。私が当選したら、年金の支給額をもっと増やします！」と演説して、お年寄りにアピールすることであろう。この演説を聞いたお年寄りたちは、貴重な一票を筆者に入れてくれるかもしれないからだ。そして、もし筆者が当選したなら、約束どおりに、年金の支給額を増やすための政策を実施しなければならないことであろう。

ここで、問題が生じる。年金の支給額を増やすための政策をおこなうために、その財源をどうするのかという問題である。1つの方法は、消費税率をいまよりも引き上げるというものである。たとえば、消費税率を20％に上げるとするとどうだろうか。お年寄りたちにとっては、たとえ消費税率が上がったとしても、年金の支給額が増えるのであるから、負担やツケは小さいと考えることであろう。しかし、若者たちにとってはどうか。若者たちにとっては、年金は当然のことながらまだもらえない一方で、消費税率は上がってしまう。そうすると、ペットボトルの飲み物やチョコレートといったお菓子の値段は、いまよりも高くなってしまう。つまり、若者たちの負担やツケは大きいのだ。このように、お年寄りには有利であるものの、若者には不利な民主主義の社会を**シルバー民主主義**という。

このシルバー民主主義という言葉を知ることで、おわかりいただけただろうか。選挙にいかなければ、あなたたち若者にとって、不利な社会となってしまうのである。政治は自分たちの日常生活に大きく関わっているのだ。そして、あなたの一票で社会が変わる可能性は大きい。なぜならば、あなたの一票で、シルバー民主主義をさけることができるかもしれないからだ。であるからこそ、たとえ日々の生活に忙しくても、政治に関心をもつことが大切である。これから、本書を通して、政治学の世界を冒険してみよう。

2 「政治」とは何か、「政治学」とは何か

2-1 「政治」とは何か

さて、政治という言葉を聞いて、どのようなイメージを浮かべるだろうか。むずかしい言葉で何かを議論しているイメージ、お互いの腹をさぐりあうといったイメージ、森友学園問題といったようにお金が関係しているといったイ

メージをもつかもしれない。また、C. シュミットが『政治的なものの概念』(1927年)で述べたように、政治とは友と敵を区別すること、というイメージをもつかもしれない。政治とは闘いというイメージだ。

このように、政治という言葉には、マイナスのイメージがあるかもしれない。もちろん、このイメージはあながち間違いではない。ただ、政治には、いいイメージもある。たとえば、日本語と漢語では、「政」という字は「ゆがんでいるものをまっすぐにする」という意味で、「治」という字は「安全や福祉などが実現されている状態」を意味する(なお、政治の英単語であるpoliticsは、古代ギリシャのポリス(polis)に語源がある。つまり、ポリス＝都市国家に関することがらが政治という意味だ)。では、具体的に、いいイメージの政治とは何だろうか。それは、**政治**とは、利害や価値をめぐる人間どうしの対立を調整する、というものである。私たちは、さまざまな利害や価値をもっている。それゆえ、何人かの人たちが集まって共通のことがらを決める場合、お互いの利害や価値を調整しなければならない。たとえば、部活やサークルのなかで何かを決めるときに、町内会で何かを決めるときに、はたまた恋人どうしで何かを決めるときに、お互いの利害や価値を調整しているのである。私たちは、日常生活において、無意識のうちに政治をおこなっているのだ。

しかし、政治学であつかう政治は、**国家**という公的空間のなかで、権力によって、利害や価値をめぐる人間どうしの対立を調整する、というものである。**権力**とは、ひとまず、人による人への支配としてとらえておこう。国家もしくは政府による人びとへの支配といってもよい(国家と権力については、**2**章で学ぶ)。権力による支配を正しいと考えること、これを**正統性**があるという。そして、この正統性を背景に、人びとが自発的に従うことを**権威**という。権力と権威は、服従するという点で、同じである。しかし権力と権威は、前者が強制的に人びとを服従させるのに対して、後者は自発的に人びとを服従させるという点で、大きく異なっている。

何かものごとを決めるときに、それが少人数の場合であれば、お互いの利害や価値を調整しやすい。それゆえ、権力や権威はいらないことが多いといえる。ところが、人数が増えていくにつれて、あるいは、社会の規模が大きくなるにつれて、利益や価値の調整はむずかしくなっていく。そのような状況の下、それぞれが自らの利害や価値を実現しようとすれば、対立を避けることができない。そこで、権力や権威によって、利害や価値をめぐる人間どうしの対立を調整しようとするのである。アメリカの政治学者であるD. イーストンは、著書『政治学体系』（1953年）のなかで、政治とは「社会的諸価値の権威的配分」と述べている。

このように、政治とは、利害や価値をめぐる人間どうしの対立を調整するという、人間の営みである。それだけではない。私たち人間は、**制度**を通して、さらに共通の利益を求めていくという営みもおこなっている。制度とは、異なる利害や価値をもつ人びとの行動を調整・規制するために、社会が作る決まりごとやしくみのことだ。私たちは、政治によって、よりよい人間関係の構築を目指しているのである。

2-2 「政治学」とは何か

最後に、政治学とは何かをおさえておこう。政治学とは、どのような学問なのであろうか。イギリスの政治学者であるB. クリックらは、『現代政治学入門』（1987年）のなかで、政治学とは、（1）社会における利害と価値をめぐる紛争を考える学問であり、また、（2）その紛争を調整するための方法を考える学問である、と述べている。政治とは、異なる利害や価値観をもつ人たちの対立を調整することで、さらによりよい人間関係や社会の構築を目指すものである。政治学は、この目的を実現するためにはどうすればいいのかを、学問として考えるという、熱意にあふれた専門科目なのだ。

なお、政治学のテキストには、国内政治と国際政治の両方をあつかうものが多い。国内政治とは、国家のなかでおこなう政治であり、国際政治とは、主に国家と国家との間の政治である。グローバルな社会のこんにち、国内政治と国際政治は強く連動している。しかし、本書では、国内政治を重点的にあつかっている。国際政治に関心のある方は、国際政治学もしくは国際関係論という専門科目があるので、ぜひ受講してほしい。

さらに考えてみよう

本章では、政治とは何か、政治学とは何か、それぞれを確認した。また、シルバー民主主義を通して、政治と私たちの日常の生活が密接な関わりをもっていることも確認した。とはいえ、多くの若者たちは、政治にあまり関心を抱いていない。また、それゆえに、選挙にいかない若者が多い。いったい、なぜなのだろうか。近隣の席どうしなどでグループを作り、みんなで意見をまとめて、それを先生にぶつけてみよう。

また、日本以外の民主主義の国では、若者の投票率はどうなっているのだろうか。もし日本よりも投票率が高いのであれば、それはいったい、なぜだろうか。みんなで調べて、話し合ってみよう。

Questions

1.「政治」とは何だろうか。また、「政治学」とは何だろうか。
2. 現代の日本社会において、あなたが一番気になる問題は何だろうか。また、その問題を解決するためには、どうすればよいと考えるだろうか。そして、その問題と解決方法は、政治とどのようなかかわりをもっているのだろうか。

読書案内

まず、北山俊哉・久米郁男・真渕勝『**はじめて出会う政治学——構造改革の向こうに 第3版**』（有斐閣、2009年）を読むことからはじめよう。同書は政治の世界をわかりやすく説明してくれる。必ずや政治の世界に興味をもつことであろう。また、五十嵐仁『**18歳から考える 日本の政治 第3版**』（法律文化社、2021年）は、政治学の基礎をテーマごとに学べるとともに、資料も豊富に掲載されているので、手もとに置いておきたい1冊である。

さらに政治学を本格的に勉強したい方は、久米郁男・川出良枝・古城佳子・田中愛治・真渕勝『**政治学 補訂版**』（有斐閣、2011年）、加茂利男・大西仁・石田徹・伊藤恭彦『**現代政治学 第4版**』（有斐閣、2012年）、砂原庸介・稗田健志・多湖淳『**政治学の第一歩 新版**』（有斐閣、2020年）などがある。そのほか、川出良枝・谷口将紀編『**政治学**』（東京大学出版会、2012年）は、図・表・写真も多く掲載されており、楽しく政治学を学ぶことができる。

以上の本を読んだ方は、杉田敦『**政治的思考**』（岩波新書、2013年）にチャレンジしてみよう。政治とは何か、あらためて考えさせてくれる1冊である。政治理論を勉強したい方には、川崎修・杉田敦編『**現代政治理論 新版**』（有斐閣、2012年）、田村哲樹・松元雅和・乙部延剛・山崎望『**ここから始める政治理論**』（有斐閣、2017年）をお薦めしたい。

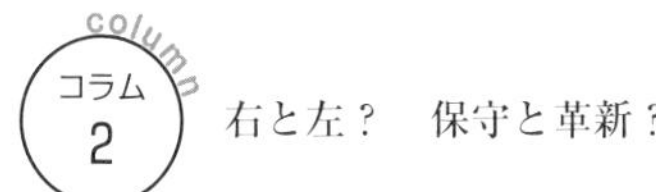

右と左？　保守と革新？

政治の話をするときに、「あの人は右だ」とか、「あの人は左だからね」という人がいる。はたして、右と左とは、どのような政治的立場なのだろうか。

右と左という言葉（正確には**右翼**と**左翼**という）は、フランス革命のときに生まれたとされる。1792年のフランス国民公会において、議長席からみて右側にジロンド派、左側にジャコバン派が座った。ジロンド派は国王に強い権限を与えるべきだと主張したのに対して、ジャコバン派は国王の権限を制限すべきだと主張した。ここから、右vs.左という二項対立が生まれたのである。

また、右に陣営をとったジロンド派は、既存の体制や制度を維持しようとしたために、**右派＝保守派**というイメージになった。他方で、左の陣営をとったジャコバン派は、既存の体制や制度を変革しようとしたため、**左派＝革新派**というイメージにつながった。ただし、右や左のイメージは、たとえ前者が現状維持を志向し、後者が現状変革を志向するものであったとしても、その内容は時代や国によって大きく異なるので、注意しておこう。

右派＝保守派と左派＝革新派というイメージは、戦後の日本政治においてもみられた。右派＝保守派の自由民主党は、日米安全保障条約への賛成、日本国憲法の改正（改憲）などの立場をとった。これに対して、左派＝革新派の日本社会党や日本共産党は、日米安全保障条約への反対、日本国憲法の堅持（護憲）などの立場を訴えた（***15***章を参照）。

私たちは、イデオロギーを通して、右か左かもしくは保守か革新かという軸を用いて、各政党の位置づけをおこなうことがある。**イデオロギー**とは、ある集団が自らの立場を擁護するために主張される思想や信条の体系をさす。冷戦時代の日本では、イデオロギーと政治的立場に強い結びつきがあった。詳しくは***15***章で学ぶことにしよう。

2章　国家と権力

この章で学ぶこと

私たちのほとんどが、いずれかの国家に属している。そのため、国家の存在をあたり前であると思っている人も多いであろう。ところが、国家とは何かと問われると、それについて答えることが案外むずかしいことがわかるかもしれない。また、「あの人には権力がある」「あの人は権力者だ」といった言い方をするかもしれない。その場合、権力という言葉はどのような意味で使われているのだろうか。この章では、国家とは何か、権力とは何かについて考えていこう。

1 国　　家

1-1　国家という言葉

国家（state）は、ラテン語のスタトゥス（status）から生まれた言葉である。スタトゥスは、状態や地位を意味する言葉であったが、中世から近代にかけて政治的な意味をもつようになった。ルネサンス期の政治思想家**N．マキャヴェッリ**は、著書『君主論』（1532年；邦訳書 1998／2018年）のなかで、スタトゥスのイタリア語にあたるスタート（stato）を、権力機構の意味で用いた。近代以来、国家は、「近代ヨーロッパで誕生した国家（近代国家）」を意味する言葉として定着することになった。

1-2　国家の三要素

それでは、近代国家とは、どのような国家のことをさすのであろうか。近代ヨーロッパの国家は、古代や中世ヨーロッパにおける帝国、都市国家、封建国家に比べると、以下のような特徴をもっている。それは、一定の地域（**領域**）に住んでいるすべての人びと（**国民**）のために、唯一で最高の権威（**主権**）をもって政治をおこなうことである。

1-3　主　権

最初に、主権（sovereignty）について考えてみることにしよう。主権は、ラテン語の「最高のもの」を意味するシュペラーヌス（superanus）が語源であるとされ、主権も最高であることを意味する言葉である。

中世ヨーロッパでは、神聖ローマ帝国、都市国家、封建国家が併存しており、これらの政治集団が独自の統治機構と法律をもっていた。中世から近代にかけて、これらの政治集団は、君主が支配する国家に統合された。国家は、領域と人民を統合し、君主は、領域内の政治をおこなう唯一で最高の存在となったのである。

16世紀から18世紀までのヨーロッパでは、絶対王政の時代を迎え、君主の権力は最高潮に達し、常備軍や行政機構の整備も進んできた。そのような政治状況のなかで、16世紀には、法律家**J. ボダン**が、主権の概念を提唱することになった。ボダンによれば、主権とは、「国家の絶対的かつ永続的な力」を意味する。これは、国家がいつでも、誰からも命令されることのない最高の存在であることを意味する。このような主権の概念は、君主の権力を正統化することにつながった。

それでは、国家が主権をもつということは、具体的には、どのような権限をもつことになるのであろうか。ボダンによれば、主権には、立法権（法律を制定する権限）、宣戦布告・講和締結の権限（戦争を開始し、終了させる権限）、官吏任免権（高官を任命し、免職する権限）、最高裁判権、貨幣鋳造権、課税権などが含まれる。絶対王政の時代には、このなかの多くの権限が君主の権限とされていた。

17世紀から18世紀にかけて、ヨーロッパでは君主の圧政に対して、民衆の怒りが頂点に達して市民革命が起きた（*4*章を参照）。イギリスの政治思想家**J．ロック**やフランスの政治思想家**J．ルソー**は、**社会契約論**を主張し、市民の契約によって国家は建設されるべきであると説いた。そこで、そのような社会契約を取り交わす市民こそが、政治の最終的なあり方を決定できるとする**人民主権**（**国民主権**）の考え方を提唱した。現代では、日本を含めた多くの国家で、国民主権の考え方が取り入れられている。

このように国家は主権をもつようになったのであるが、そのような国家のことを**主権国家**という。主権国家は、近代のヨーロッパにおいて誕生したが、ヨーロッパと対等な関係を築いたアメリカやロシアにも拡張し、明治維新を経て、ヨーロッパ流の国家に変貌（へんぼう）した日本にも拡大した。19世紀にはラテンアメリカ諸国が独立し、20世紀にはアジア・アフリカ諸国が独立して、主権国家は全世界に行き渡ることになった。このような主権国家から構成される世界のあり方を**主権国家体制**という。

主権国家体制において、主権国家は対内的に最高で、対外的に独立であるといわれる。対内的に最高というのは、国家の決定が最高なものであり、国内の政治集団（政党や利益団体など）によって、その決定が覆らないことを意味する。

対外的に独立というのは、国家の決定が独立なものであり、国外の政治集団（外国政府や国際機関など）によって、その決定が覆らないことを意味する。このことから、いずれの国家の主権も尊重されるべきであり、主権は平等であると考えられることになった。

1-4 領　域

つぎに、領域（territory）について考えてみよう。領域とは、国家の主権が及ぶ地理的な範囲を意味する。領域には、**領土**、**領海**、**領空**がある。地理的な範囲を確定するのが、**国境**である。これまでの人類の歴史は、国家が自国の領域を拡大し、他国と衝突する歴史であったともいえる。このような国境での衝突は減少してきているが、それでも国境をめぐる対立は解決されていない。

1-5 国　民

最後に、国民（nation）とは、誰のことをさすのかを考えてみよう。国民は、国家の主権が及ぶ人びとのことである。具体的には、国籍をもっている人たちのことである。一般に、国民は、国家の一員としての自覚をもっており、一体性のある国家を形成しているという意識を共有していると考えられる。そのような国民からなる国家を**国民国家**という。

近代国家の誕生は、国民国家の形成を促すことになった。たとえば、フランスでは、民衆が市民革命を通じて新たな国家を樹立し、国家への帰属意識を高めた。その後、フランスは、共通語の制定、公教育の整備、国民皆兵制度の導入などを通じて、一体性のある国民国家を目指した。

フランス革命後、皇帝ナポレオンはヨーロッパ全土で戦争を繰り広げ、これに抵抗する諸民族の民族意識を高揚させることになった。たとえば、フランスの支配下に置かれたドイツ人は、統一したドイツ人国家の建設を希求し、普仏戦争後にドイツ帝国を建国することになった。このように一体性のある民族集団が、国家を樹立する動きもみられるようになってきた。

第一次世界大戦後、アメリカのT．ウィルソン大統領が**民族自決**を提唱し、中東欧諸国において国民国家の形成がはじまった。第二次世界大戦には、多くの国家が**ナショナリズム**（nationalism）を発揚して戦争を繰り広げ、とくに、ドイツの**A．ヒトラー**政権は、ドイツ人のナショナリズムを駆り立てて、多くのユダヤ人を強制収容所に連行し虐殺した。ナショナリズムは、国民の存立、統一、独立、発展を求める思想や運動を意味するものである。このようなナショナリズムを過度に強調し、特定の民族集団の優位を主張することは、少数派（**マイノリティ**）の民族集団を排除する結果をもたらすことになる。

第二次世界大戦後、アジア・アフリカ諸国においても、ナショナリズムが高揚し、国民国家の建設がはじまった。多くのアフリカ諸国では、民族集団の境界とは無関係に国境が引かれたために、多様な集団を抱えたまま、国民国家の建設を始めることになった。冷戦終結後、ソヴィエト連邦やユーゴスラヴィア連邦が解体し、**民族紛争**や**ジェノサイド**（**大量殺害**）が生じるなど、国民国家をめぐる問題は依然として解消されていない。

1-6　国家の機能

国家の三要素から考えると、国家は主権を行使し、領域を管理し、国民の安全と福祉のために政治をおこなう機能を果たす（*6*章を参照）。国家は、国民の安全と福祉のために、国民の意見を集約して、法律を制定し、社会の秩序を維持することになる。そこで必要になるのが、**権力**（power）である。

2　権　　力

2-1　権力の概念

権力とはどのようなものであろうか。権力は、自分の意志を他者に強制できる力のことである。社会学者**M．ヴェーバー**は、権力を「ある社会的関係の内部で抵抗を排してまで自己の意志を貫徹するすべての可能性」と定義している。

自分の意志を他者に強制するためには、他者にとって価値あるものを奪うと脅しをかけたり、実際に奪ったり、逆に他者にとって価値あるものを与えることが必要である。実際に他者の価値を剥奪し、価値を供与するためには、暴力や財力などの手段が必要になる。なお、このような暴力や財力などの手段が権力にとって重要であると考える立場を**実体説**といい、自分と他者がどのような関係になるのかが、権力にとって重要であると考える立場を**関係説**という。

2-2　国家権力

国家権力は、国家の意志を国民に強制することできる力のことである。たとえば、国家は、法律に違反する犯罪者を逮捕して、裁判で処罰する。このようにして、国家は、国家の意志を犯罪者に強制しているのである。こうした権力の行使が可能になるのは、国家が暴力手段を独占しているからである。国家が暴力手段を独占していなければ、国家の意志に反する個人や集団の行動を制御することができなくなるだろう。

国家権力は、国民の自由と権利を制約するものでもある。それは、国家が権力を濫用すれば、かえって国民の安全と福祉が危険にさらされるからである。国家は、国民の安全と福祉のために権力を行使するが、行使しすぎれば、国民の安全と福祉が脅かされるという関係がある。

2-3　国家の支配と正統性

国家権力は、国家の意志を国民に強制することであるが、実際には、国民が国家の意志に進んで従うことが多い。たとえば、国民の多くは、国家が制定した法律に従って行動している。このような場合、国家は国民を**支配**し、国民は国家に**服従**していることになる。

それでは、なぜ、国民は、国家に服従するのであろうか。それは、国民が、国家による支配が正しいと考えるからである（**支配の正統性**）。M. ヴェーバーは、国民がそのように考える理由を３つあげている。第１の理由が、**伝統的支配**である。近代以前の国家では、君主が民衆を統治していた。それは、君主が伝統や血統によって支配を正統化できたからであった。第２の理由は、**カリスマ的支配**である。政治指導者が戦争や演説などの特異な能力（カリスマ）を発揮して、国民の圧倒的な支持を受ける場合である。たとえば、ナポレオンやヒトラーによる支配があげられる。

第３の理由は、**合法的支配**である。近代国家では、正しい方法で制定された法律や規則によって、国家の運営がおこなわれていると考えられる場合に、国家の支配は正しいものとしてみなされる。それでは、なぜ、国民は、法律や規則を正しいものと考えるのであろうか。近代国家は、国民が制定した憲法によって樹立され、国民の代表が制定した法律によって、国民の安全や福祉を保障しているからである。そうでなければ、国民は、法律や規則を正しいものとしてみなさないであろう。

2-4　権力は誰が行使しているのか――エリート主義と多元主義

権力は、自分の意志を他者に強制できる力のことである。そのため、国家以外の個人や集団も権力を行使することができる。それでは、権力を行使しているのは誰なのか。これには、2つの考え方がある。特定の個人や集団が権力を行使しているとする**エリート主義**の見方と、多様な個人や集団が権力を行使しているとする**多元主義**の見方である。

エリート主義の立場に立つ社会学者のC．W．ミルズは、著作『パワー・エリート』（1956年；邦訳書 2020年）のなかで、アメリカの軍幹部、大企業経営者、政治家から構成されるエリート集団が権力を独占し、大衆を支配していると考えた。一方、多元主義の立場に立つ社会学者のD．リースマンは、著作『孤独な群衆』（1950年；邦訳書 2013年）のなかで、多様な利益団体（***13***章を参照）が政策決定に拒否権を行使できる集団（これを「拒否権集団」という）を構成しており、権力は分散していると主張した。

2-5　権力はどのように行使されるのか――3つの考え方

それでは、権力はどのように行使されるのであろうか。これについて3つの考え方を検討してみよう。

政治学者のR．ダールは、著作『統治するのはだれか』（1961年；邦訳書 1988年）のなかで、ニューヘブン市における政策過程を分析し、各界の指導者が競争して、重要な政治的争点をめぐる決定に影響力を及ぼすことによって、権力を行使していることを明らかにした。

これに対して、政治学者のP．バクラッツとM．バラッツは、ダールが重要な政治的争点をめぐる決定にだけ関心をもち、政治的争点になる前に、政治的争点にしようとする人びとの行動を抑圧し、妨害することで権力を行使する場合を考えていないと批判している。このように、決定をしない決定をする権力のあり方を**非決定作成**という。

たとえば、政治学者のM. クレンソンの著作『大気汚染の反政治――諸都市における非決定作成の研究』（1971年）では、非決定の決定の一例が論じられている。ゲーリー市はUSスティール社に経済的に依存し、大気汚染が深刻な問題となっていた。これに対して、USスティール社は公害対策に反対もせず、何もしないことによって政治的争点になることを抑止できた。それは、誰かが公害問題を政治的争点にしようとすれば、USスティール社の経済力で抑圧されてしまうからである。

このような非決定による権力の行使に対して、さらに批判を加えたのが、社会学者の**S. ルークス**である。ルークスは、著書『現代権力論批判』（1974年；邦訳書 1995年）のなかで、ダールのような決定の権力論を「一次元的権力」、バクラッツやバラッツのような非決定の権力論を「二次元的権力」と呼び、自身の権力論を「三次元的権力」と名づけた。

ルークスによれば、一次元的権力と二次元的権力はともに、自分の意志を他者に強制する場合に、自分と他者との間に対立があると考える。しかし、他者の知覚、認識、選好を変えることによって、自分と他者との間に対立すら起きないように権力を行使する場合があるという。たとえば、ヒトラーは、演説や宣伝を活用して、国民の意識に働きかけ、国民の多くを戦争に動員することができた。ヒトラーと国民の多くとの間に対立は生まれなかったのに、ヒトラーは国民に対して権力を行使できたのである。

2-6　権力はどのように行使されるのか――M. フーコーの場合

これまで、権力は、自分の意志を他者に強制する力であると述べてきた。しかし、ルークスが明らかにしたように、自分の意志が、他人が行使した権力によって形成されているかもしれないとすれば、そもそも、自分の本当の意志があるのだろうかと考えてしまう。ここからは、自分（主体）というものを作り

図2-1　パノプティコン

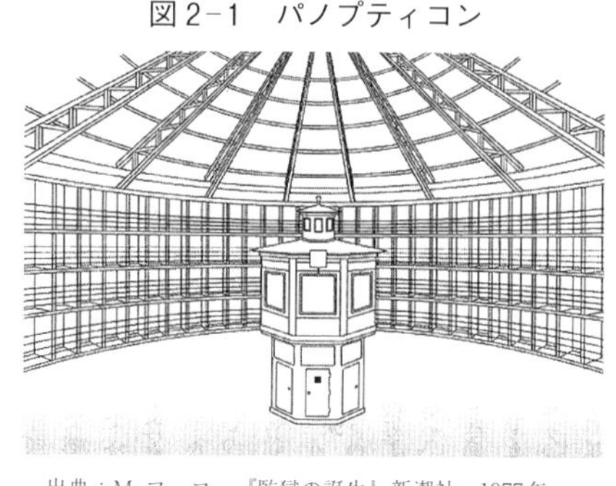

出典：M. フーコー『監獄の誕生』新潮社、1977年。

出す権力について考えてみることにしよう。

フランスの哲学者M．フーコーは、著作『監獄の誕生——監視と処罰』(1975年;邦訳書 2020年)のなかで、権力装置として**パノプティコン**（全望監視装置）（図2-1参照）を取り上げている。これは、円環状の建物と中央の塔からなる建築物である。円環状の建物には独房が置かれ、塔には監視人がいて、囚人を監視している。独房に入れられた囚人は、実際には監視されているのかわからないのに、常に監視されているという意識を植えつけられ、自分の行動を自分から規律するようになる。そのように規律を内面化し、従順な人間にする権力を**規律訓練権力**という。フーコーによれば、このような規律訓練権力は、学校、兵舎、病院、工場など身近なところにありふれているものである。

また、フーコーは、**生権力**という新たな権力装置について論じている。規律訓練権力は、個人の身体を対象とする権力であるのに対して、生権力は住民や人口といった人間の集団を対象とする権力である。人間の集団を出生率、死亡率、寿命、健康などの観点から管理し、正常な状態から逸脱した人間に介入するものである。たとえば、喫煙すると、がんによる死亡率が上がるといわれて、禁煙を始める人が出てくるかもしれない。そうやって人間を権力によって殺すのではなく、権力によって生かすことで人間の行動を制御するのが生権力である。

さらに考えてみよう

近代ヨーロッパで誕生した国家は、最高の決定を下すことができる主権をもっており、国際社会において最高の地位を占めることにもなった。そのため、国家の上位に位置する世界政府や国家連合の存在が認められず、国家間の対立を制御することはむずかしくなった。そのような国家は、国家権力を保持して、暴力手段を独占しているために、国家間の対立が戦争になることもよくあった。国家は、国民の安全と福祉を保障する存在である一方で、国民の自由や権利を脅威にさらす存在であることも理解しておこう。

Questions

1. 国家とは、どのようなものであるのか考えてみよう。
2. 国家権力とは、どのようなものであるのか考えてみよう。
3. 私たちに身近な権力には、どのようなものがあるのか考えてみよう。

読書案内

国家については、初学者向けの、橋本治『**国家を考えてみよう**』（ちくまプリマー新書、2016年）がお薦め。権力についての古典的名著マックス・ウェーバー『**権力と支配**』（講談社学術文庫、2012年）は、ぜひとも目を通しておきたい。権力論について、より深く知りたい人は、杉田敦『**権力論**』（岩波現代文庫、2015年）、星野智『**現代権力論の構図**』（情況出版、2000年）を読むことを薦める。ナショナリズムに関する初学者向けの本としては、大澤真幸・姜尚中編『**ナショナリズム論・入門**』（有斐閣アルマ、2009年）、塩川伸明『**民族とネイション――ナショナリズムという難問**』（岩波新書、2008年）を推薦しておきたい。フーコーの政治理論については、中山元『**フーコー入門**』（ちくま新書、1996年）、重田園江『**ミシェル・フーコー――近代を裏から読む**』（ちくま新書、2011年）、慎改康之『**ミシェル・フーコー――自己から脱け出すための哲学**』（岩波新書、2019年）を読んでみよう。

3章　政治意識と政治文化

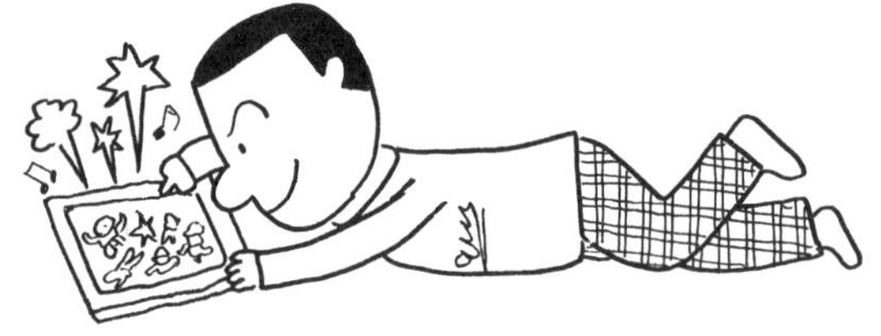

この章で学ぶこと

世のなかには、政治に関心がある人と、政治に関心がない人がいる。政治に関心がない人は、どのような理由で、政治に関心をもたなくなるのだろうか。

また、国や地域によって、政治に対する考え方や態度が異なるといわれている。とすれば、日本特有の政治に対する考え方や態度というものはあるのだろうか。この章では、これらの回答を考えるために、政治意識と政治文化の基礎知識を学ぶことにしよう。

1　政治意識

政治に対する考えや態度には、個人のレベルと社会のレベルの2つがある。まず、個人のレベルから考えてみることにしよう。

1-1　政治意識と政治的社会化

いま、このテキストを読んでいる人は、政治に関心をもっている人かもしれない。また、政治学の講義を受けている学生は、政治に関心をもっているだけでなく、もしかすると将来は政治家になりたいと考えているのかもしれない（あるいは、卒業するためだけに単位がほしいということかもしれない）。

いずれにせよ、世のなかには、政治に関心があり、政治に対する自分自身の考えや態度をもっている人たちがいる。政治への関心と態度をもつこと、これを**政治意識**という。あなたには政治の話をよくする友人がいるかもしれない。そのような人は政治意識が高い人といえよう。

私たちは、どのようにして、政治意識をもつようになるのだろうか。一般的に私たちは、親・家族・友人たちから影響を受けて、政治に関心をもつようになるといわれている。政治に関心をもったり、政治学を学んだりすることを**政治的社会化**という。

1-2　リースマンによる政治的無関心の類型

それでは、政治に関心がない人たちは、どのような人たちなのであろうか。また、なぜ政治に関心を抱いていないのだろうか。政治に関心がないことを**政治的無関心**という。この政治的無関心について、アメリカの政治学者であるD. リースマンは、つぎのような分類をおこなっている（表3-1）。

まず、**伝統型無関心**である。これは、政治に関わる機会がないため（それゆえ政治的無知となる）、政治に関心を抱かないというものである。この伝統型無関心の人たちにとって政治とは、エリートといった身分の高い人たちがおこなうものと考えられている。

若者の政治意識

若者はどのような政治意識をもっているのだろうか。日本財団がおこなった国政選挙に関する「18歳意識調査」の報告書（2019年６月）をもとに、若者の政治意識をみてみよう。

2019年７月の参議院議員選挙について、投票に「行く」と回答した人は49.7%、「行かない」は15.1%、「決めていない」は35.2%であった。つまり、若者の約５割が選挙に行くとしているのである。

それでは、なぜ若者は選挙に「行く」もしくは「行かない」のか。また、行くか行かないかを「決めていない」のはどうしてだろうか。上記の日本財団によれば、その理由は以下のとおりである。

「行く」理由

投票する権利がある	政治に関わりたい
投票する義務がある	選挙に興味がある
意思表示したい	若者層の投票率を上げたい
現状を変えたい	家族の誘い

「行かない」理由

住民票を移行していない	政治や選挙に関する情報不足
時間がない	面倒
支持する人がいないから	興味がない

「決めていない」理由

予定が決まっていない	住民票を移行していない
政治や選挙に関する情報不足	支持する人がいないから

上記のなかで、あなたが選挙に行く理由、行かない理由、行くかどうかを決めていない理由は、どれに該当するのかを考えてみよう。

つぎに、若者が選挙に行くためにはどうすればいいのだろうか。日本財団の調査によれば、若者たち自身は、以下のように考えている。

若者に選挙や政治に関心をもってもらうための方法

若者向けの政策を掲げること	候補者や政策を伝える機会を増やす
投票が世の中に影響していることを実感させる	投票による対価

若者自身が政治への意識や自分事としてとらえること	インターネットやSNSを活用する
教育の充実	投票しやすくする

これをみて、あなたはどう思っただろうか。若者が選挙や政治に関心がないのは、若者自身に問題があるというわけではないのかもしれない。ひょっとしたら、選挙制度や教育に、何か問題があるのかもしれない。興味深いことに、若者の投票率の低さについて、「問題だ」と考えている若者が77.9%にものぼっている。はたして、若者は本当に選挙や政治に関心がないといえるのだろうか。他の調査もみて、みんなで考えてみよう。

つぎに、**現代型無関心**である。これは、政治に関わる機会があるものの、政治のことを考える時間がないなどの理由で、政治に関心を抱かないというものである。現代型無関心の人たちには、政治は自分たちの暮らしとは関係がないと考えている人が多い。

1-3　ラズウェルによる政治的無関心の類型

さらに、アメリカの政治学者であるH. D. ラズウェルは、政治的無関心を3つに分類している（表3-2）。

1つ目は**無政治的態度**である。これは、政治以外のことに関心があるため、政治に関心を抱かないというものである。政治はおもしろくない、と考えられ

表3-1　リースマンによる政治的無関心の類型

類型	政治に関わる機会	政治に対する考え方
伝統型無関心	なし	政治はエリートといった身分の高い人たちがおこなうもの。
現代型無関心	あり	政治は自分の人生や暮らしと関係がない。

表3-2　ラズウェルによる政治的無関心の類型

類型	政治に対する考え方
無政治的態度	政治はおもしろくない。
脱政治的態度	政治は信用できない。
反政治的態度	政治とは関わりたくない。

ているのだ。

２つ目は**脱政治的態度**である。これは、当初は政治に関心をもっていたものの、**政治不信**や政治に対する失望感などにより、政治への関心がなくなってしまうというものである。脱政治的態度をもつ人は、政治を信用できない、選挙で自分自身が一票を投じても無駄である、と考えているのだ。

３つ目は**反政治的態度**である。これは、政治に対する反感から、政治とは距離をおきたいというものである。政治とは関わりたくない、と考えられているのである。

2　政治文化

つぎに、社会のレベルから、政治に対する考えや態度を考えてみよう。

国や地域といった社会において、政治に対する考えや態度が共有されていることがある。これを**政治文化**という。以下、G. A. アーモンドとS. ヴァーバによる政治文化の分類をみていこう。

まず、アーモンドとヴァーバは、政治と社会に関わる志向を４つに分ける。政治システムへの志向、インプットへの志向、アウトプットへの志向、自己への志向である。政治システムへの志向とは、政治的組織が社会に存在しているかどうかである。インプットへの志向は、自ら政治に関わって、政治システムに意見・利益を述べたりすることである。これに対してアウトプットへの志向とは、自らの意見・利益が政治に反映される期待をさす。いいかえれば、政治をおこなう行政機関への期待でもある。最後の自己への志向は、自分自身が政治システムに関わっているとの意識である。

以上の４つの志向をふまえたうえで、アーモンドとヴァーバは、政治文化を３つに分類している（**表3-3**）。

１つ目は**未分化型政治文化**である。これは、社会に政治システムがなく、伝統的な規範・道徳・宗教などにしたがうという政治文化である。未分化型政治文化は、前近代的な社会においてみられるもので、アフリカの農村社会などが事例にあげられる。政治システムがないため、当然のことながら、インプット

表3-3　アーモンドとヴァーバによる政治文化の分類

政治文化の類型	政治システム	インプット	アウトプット	自己	社会の特徴
未分化型	なし	なし	なし	なし	前近代的
臣民型	あり	なし	あり	なし	封建主義的
参加型	あり	あり	あり	あり	民主主義的

への志向、アウトプットへの志向、自己への志向はない。

2つ目は**臣民型政治文化**である。これは、政治システムとアウトプットへの志向がある政治文化で、封建主義の社会にみられるものである。ここで、臣民型政治文化を理解するために、主君と家来の関係を考えてみよう。まず、主君を中心とした政治システムがあるとする（＝政治システムへの志向あり）。そこでの政治決定はすべて主君がおこなう。家来は、自らの意見・利益を、主君がかなえてくれると期待している（＝アウトプットへの志向あり）。しかし家来は、政治システムが主君中心であることから、自分自身が政治システムに関わっているとの意識はない（＝自己への志向なし）。その結果、家来たちは、自ら政治システムに関わって、自分たちの意見・利益を追求することはないのである（＝インプットへの志向なし）。

3つ目は**参加型政治文化**である。これは、未分化型政治文化とは逆に、政治システム、インプットへの志向、アウトプットへの志向、自己への志向のすべてをもつ政治文化である。この参加型政治文化は民主主義の社会にみられるものである。

なお、アーモンドとヴァーバは、臣民型政治文化と参加型政治文化の混合型が民主主義の安定にとって望ましい、と指摘していることを覚えておこう。また、アーモンドとヴァーバによる政治文化の分類は、文化決定主義（文化が政治・経済・社会のあり方をすべて決定すること）にすぎないといった批判や、英国や米国の政治体制が民主主義にとってふさわしいと主張していることから、西洋中心主義であるとの批判があることも覚えておこう。

3　日本の政治文化

それでは、日本に特有な政治に対する考えや態度、つまり日本の政治文化とは何かを考えよう。政治学者の大塚桂は、著書『日本の政治文化』(2008年) のなかで、日本でみられる「政治文化の特徴性」と「政治社会の秩序原理」を指摘している。そのなかから以下の4点をピックアップして、日本の政治文化をみてみよう。

まず、**タテ社会**という特徴である。これは文化人類学者の中根千枝が『タテ社会の人間関係』(1967年) のなかで提起した概念で、日本人は先輩・後輩、上司・部下、親分・子分といった上下関係 (タテの関係) を重視するというものである。この本を読んでいる学生は、部活やバイト先などで、タテ社会を経験したことがあるのではないだろうか。

2つ目は**和の精神**である。日本人は個人よりも集団の意見・利益を尊重する (**集団主義**)。それゆえ日本人は、たとえ自分自身の意見・利益があるとしても、それが少数派の意見・利益であるとわかれば、多数派の意見・利益に追随してしまう傾向がある。和は、強い仲間意識を与える反面、和を乱すような者に対しては「ならず者」として抑え込んだり、「よそ者」としてはげしく排除したりする。

3つ目は**イエ**と**ムラ**という意識である。日本人は、イエの存続を重視するとともに、会社・学校・地元の自治会といった集団のムラを重視する。ムラの構成員たちは、血縁関係がないにもかかわらず、家族のような関係を築いている (**家族主義**)。

4つ目の特徴は長老主義である。タテ社会やムラ社会では、長老 (重鎮) →中堅→若手の序列の下で、組織が動いていく。その際、長老の意見や考えは重視される (**権威主義**)。

さらに考えてみよう

日本における政治文化の特徴は、自分自身を取り巻く社会状況が変化したり、また時代がかわったりすることで、変容していく可能性が高い。政治文化は決して固定的なものではないのである。

また、政治文化をつくるのは私たち自身である。とすれば、私たちは、どのような政治文化をつくっていけばよいのだろうか。政治を考えることは、文化を考えることと同じなのである。

Questions

1. 政治や政治学に関心を抱いたのはなぜだろうか。考えてみよう。
2. 政治に関心がない人に、関心をもってもらうためには、どうしたらいいのだろうか。みんなで話し合ってみよう。
3. 日本の政治文化の１つである「タテ社会」について、みんなで議論してみよう。

読書案内

世論調査のデータをもとに、日本人の政治意識を検討したものとして、松元正生**『政治意識図説――「政党支持世代」の退場』**（中公新書、2001年）がある。日本の政治文化については、大塚桂**『日本の政治文化』**（勁草書房、2008年）がある。

4章　市民革命と民主主義

この章で学ぶこと

私たちの生活は、基本的人権から大きな恩恵を受けている。このような基本的人権は、17世紀から18世紀までに起きた市民革命によって生まれ、それを守るために、近代国家の原則や制度もつくられた。ここでは、市民革命が、どのような思想に影響を受けてはじまり、どのような結末を迎えたのか。個人の自由や権利を守るために、近代国家の原理と制度が、どのようにつくられていったのかを考えてみよう。

1　王権神授説と社会契約論

16世紀から18世紀の近代ヨーロッパ国家では、国王が大きな権限をもつ絶対主義国家の時代を迎えていた。国王が国家を統治できるのは、神が国王にその資格を与えたからとされた。このような考え方を、**王権神授説**という。王権神授説によって、国王は広く権力を行使することが許された。

17世紀から18世紀にかけて、王権神授説に対抗する政治思想が生まれた。それが、**社会契約論**である。社会契約論では、人びとの合意に基づいて、社会や国家が構築されると考えられた。そのため、国王の権限は、神の力ではなく市民の合意に由来するものであり、国王は、市民の自由と権利を尊重するべきであると主張した。このような社会契約論の思想は、その後の市民革命に大きな影響を及ぼした。

社会契約論では、人びとがどのような社会契約を結ぶことで、どのような社会や国家を建設するべきかを論じている。これを論じるために、人びとが社会や国家の建設に合意していない状態（**自然状態**）は、どのような状態であるのか。自然状態においても、個人に認められる権利（**自然権**）があるとすれば、どのような権利なのか。さらに、自然状態でも、当然に妥当すると考えられる法や規則（**自然法**）とは何か。これらを考えたうえで、どのような社会契約が必要になるのかを論じるのである。

イギリスの思想家**T．ホッブズ**は、著書『リヴァイアサン』（1651年；邦訳書1982・1992／2014・2018年）のなかで、自分の生命を守るための権利（自己保存の権利）が、唯一の自然権であると述べた。そのため、自然状態では、人びとは自らの生命を守るために、敵対する人びとと闘争を繰り広げることになると考えた（**「万人の万人に対する闘争」**）。そのような闘争状態をなくすためには、人びとは、自然権の一切を共通の指導者（リヴァイアサン）に譲渡し、その統治者が、社会の秩序を維持すべきであると主張した。しかし、ホッブズの考えによれば、人びとは、自然権をすべて放棄することになり、統治者が、人びとの生存を脅かす場合には、統治者に抵抗する手段がなくなってしまう。そのため、

表4-1　社会契約論

	ホッブズ (1588-1679)	ロック (1632-1704)	ルソー (1712-1778)
主著	『リヴァイアサン』(1651)	『市民政府二論（統治論)』(1690)	『人間不平等起原論』(1755) 『社会契約論』(1762)
自然状態	万人の万人に対する闘争状態。	自由で平等な状態。自然法の解釈と適用をめぐり紛争がある。	自給自足の自由で平等な状態。
契約の内容	自然権を全面的に放棄して、共通の統治者に授権する。	自然権の一部を議会や政府に信託し、自然権を保護するために、紛争の解決を求める。自然権を侵害した議会や政府に対する抵抗権（革命権）を認める。	自由で平等な状態を保障するために、国家を樹立し、すべての人びとの意思である一般意思に基づいて法律を制定し、国家を運営する。
結果と影響	絶対王政や君主主権の擁護。	アメリカ独立戦争に影響。国民主権、議会制民主主義、抵抗権の擁護。	フランス革命に影響。人民主権、直接民主制の擁護。

ホッブズの思想は、当時の絶対王政や君主主権を正統化し、その温存に寄与したといわれる。

イギリスの思想家**J．ロック**は、著書『市民政府二論』(1690年；邦訳書 2010／2011年）のなかで、自然権として認められるのは、生命権・自由権・所有権であると考えた。これらの権利は、自然法の範囲内で保障され、自然状態は自由・平等・平和な状態であるとされた。それでも、自然法の解釈と適用をめぐって紛争が生じることから、人びとは、自然権の一部を国家に信託して、議会や政府に紛争の解決を委ねることにした。このように議会を通じて、国民の意思を政治に反映させるべきという考え方は、国民主権や間接民主制（議会制民主主義）として発展していくことになる。また、ロックは、政府が人びとの信託を裏切り、個人の自由と権利を脅かせば、人びとは、政府を打倒する権利（**抵抗権・革命権**）を行使できると考えた。このようなロックの思想は、イギリス名誉革命やアメリカ独立宣言を正当化する根拠にもなった。

フランスの思想家**J．ルソー**は、著書『人間不平等起原論』(1755年；邦訳書 2005／2008／2016年)、『社会契約論』(1762年；邦訳書 1954／2005／2008年）のなかで、自然状態において、人びとは、自由で平等な暮らしを営んでいたと考えた。しかし、社会が形成されるにつれて、人びとは、土地や財産をもつようになって不平等が生じ、紛争が生ずるようになる。そこで、ルソーは、人間の自由と平等を守るために、すべての人びとの意思を統合した一般意思に基づいて、法律を策定し、国家を運営するべきであると主張した。すべての人びとの意思を直接政治に反映させるべきであるという考え方は、人民主権や直接民主制を促し、フランス革命に影響を与えた。しかし、ルソーは、すべての人びとが、一般意思に服従すべきであると考え、社会における多様な意見や立場を尊重することは求めなかったのである（表4-1）。

2　市民革命

2-1　イギリスの市民革命

市民革命とは、17世紀から18世紀にかけて、自然権思想や社会契約論が浸透するなかで、財産と教養のある市民（ブルジョワジー）が中心となり、国王に対して個人の自由と権利を認めさせた一連の革命である。このような基本的人権を保障するために、近代国家の原理や制度がつくられることにもなった。

1628年、国王チャールズ1世が、王権神授説を唱えて、慣習法や判例法によってつくられてきたコモン・ローをないがしろにしたことから、法律家エドワード＝コークが**権利請願**を起草した。これは、議会が制定した法律によらなければ課税できず、不当な逮捕･監禁･抑留を禁じるものであった。しかし、チャールズ1世は、権利請願を破棄し、議会の同意なしに課税を強行したため、王党派と議会派が衝突し、国王は革命により処刑された（**清教徒革命**）。

クロムウェルの独裁後、王政復古で就任したチャールズ2世も反対派を処刑し、旧教（カトリック）を復活させた。これに対して、議会は1688年に国王を追放し、オレンジ公ウィリアムとメアリ2世を即位させる（**名誉革命**）。1689年、議会は**権利章典**を起草し、国王はこれを承認することになった。権利章典は、国王の権限を大幅に減らし、議会の権限を強くするものであった。議会は、長年の懸念であった立法権と課税権を手に入れた。議員は、議会内での言論の自由と、選挙で干渉を受けない自由を獲得し、国民は、政府に意見や要望をおこなえる請願権が認められた。

2-2 アメリカの市民革命

イギリスで権利章典が認められた頃、アメリカはいまだイギリスの植民地であり、植民地人の権利は制約されていた。イギリスが1760年代に印紙法などを通じて、アメリカ植民地に対する課税を求めたことから、アメリカ植民地側は「代表なくして課税なし」を合言葉に抵抗運動を引き起こした。1775年、レキシントンの戦いを皮切りに、アメリカ独立戦争がはじまることになった。

アメリカ植民地側は、独立戦争で戦いを続けながら、新たな国家建設のための準備を開始した。1776年、バージニア植民地では、**バージニア権利章典**を採択し、自然権に基づいて基本的人権の尊重を宣言し、人身の保護（不当な逮捕・拘禁・拷問などの禁止）、言論・出版の自由、信仰の自由、選挙干渉からの自由などの権利も認めた。また、同年、**アメリカ独立宣言**では、社会契約論の影響を受けて、国民の同意に基づき政府を樹立し、政府が基本的人権を侵害した場合には、国民に抵抗権が認められるものとされた。

1787年、フィラデルフィア憲法制定会議が開催され、**アメリカ合衆国憲法**が採択される。フランスの哲学者**C．モンテスキュー**の権力分立論に大きく影響を受けており、統治機構に三権分立を採用し、権力の恣意的な濫用を防ぐことになった。1789年、合衆国憲法は、バージニア権利章典から影響を受けて、個人の自由と権利を保障するための修正条項を追加した。

2-3 フランスの市民革命

フランスは、アメリカ独立戦争でアメリカ側を支援したが、戦費がかさみ、宮廷の浪費もあって、国家財政が著しく悪化した。国王ルイ16世は、財政を再建するために三部会を召集し、聖職者（第一身分）と貴族（第二身分）の免税措置を廃止しようとしたが反発を受け、平民（第三身分）は重税を課せられていたことから不満が高まっていた。

1789年、パリのバスティーユ監獄襲撃事件を契機として、民衆が国王や特権階級に対して立ち上がった。フランス革命が進行するなかで、民衆が中心となって組織した国民議会が、**フランス人権宣言**を採択した。人権宣言では、基本的人権の尊重、人身の保護、言論・出版の自由のほか、平等権、所有権が認められた。**平等権**とは、すべての人びとが法の下で平等に扱われ、人種、性別、身分・家柄などで差別されない権利である。**所有権**は、自分が所有する財産を自由に使用し、収益を上げ、処分できる権利である。このような個人の自由と権利を守るために、国民主権と権力分立の採用も謳われた。

3　近代国家の諸原理

市民革命において認められた個人の自由と権利、それを守るための近代国家の原理や制度を整理しておこう。

3-1　基本的人権の尊重

基本的人権とは、人間は生まれながらにしてもっている固有の権利である。個人が尊重され、生命、自由、幸福追求の権利が保障される。基本的人権は、自然権の影響を受けて成立した権利であるので、憲法や法律によって侵害することができない。

バージニア権利章典は、「すべて人は生来ひとしく自由かつ独立しており、一定の生来の権利を有するものである」と規定し、基本的人権を世界ではじめて明文化した。フランス人権宣言には、「人は、自由かつ権利において平等なものとして出生し、かつ生存する」と言い表されている。

3-2　法の支配と法治主義

法の支配とは、人の支配と対になる言葉であり、国家機関を代表する個人や組織が、法律に基づいて政治をしなければならないという原則である。中世イングランドでは、法思想家ブラクトンが、「国王といえども神と法の下に従わなければならない」と述べ、国王の権限は、法（コモン・ロー）によって制限されるものと考えた。絶対王政の時代に、国王チャールズ1世が王権神授説を唱え、王権の優位を主張する一方、法学者コークがブラクトンの思想に基づいて、法の優位を主張した。市民革命の時代になって、権利章典が承認され、国王の権限は、議会が制定した法律に基づき制限されることになった。

一方、**法治主義**は、国家の行政機能が強大化してきた19世紀のドイツで発展した。法治主義とは、国家の行政活動は、議会が制定した法律に拘束されるという考え方である。そのため、法律の裏づけがなければ、国家の行政行為は認められない。そのような理念に基づいて運営される国家を、**法治国家**という。ところが、法律があれば、あらゆる行政行為が認められることになり、A. ヒトラー政権時代には、法律に基づいて個人の自由や権利が侵害されることにもなった（形式的法治主義）。第二次世界大戦後のドイツでは、裁判所に違憲審査権を認め、個人の自由や権利を侵害する法律を、憲法違反であると認定するしくみをつくった（実質的法治主義）。

3-3　立憲主義

立憲主義とは、憲法に基づいた政治をおこなうことを意味する。市民革命において制定された憲法では、個人の自由と権利に関する規定（権利章典）と、国家機構と権力分立に関する規定（統治機構）が盛り込まれるのが一般的である。つまり、立憲主義とは、権力分立に基づいた国家機構を通じて、個人の自由と権利を保障する考え方である（権力分立については、7章で解説する）。

そのため、フランス人権宣言では、「権利の保障が確保されず、権力の分立が規定されていないすべての社会は、憲法をもつものではない」と述べられている。権利の保障と権力の分立が不十分な場合、外見的立憲主義といわれる。戦前日本の大日本帝国憲法は、その例である。

3-4　国民主権

国民主権とは、国家のあり方を最終的に決定する権限（主権）が、国民にあるという原則である。市民革命以前の西欧諸国では、君主が主権をもっていたが、市民革命において君主の権威が失墜し、主権の担い手は国民に移った。国民が政治の中心となり、個人の自由と権利を保障することが可能になった。

国民主権の理念は、フランス人権宣言に「あらゆる主権の原理は、本質的に国民に存する」と規定され、アメリカ大統領リンカーンの演説では、「人民の、人民による、人民のための政治」という言葉に言い表されている。

3-5　議会主義

議会主義とは、国家のあり方を最終的に決定するのは、国民の代表者から選出された議会であるという原則である。市民革命以前の議会は、身分制議会（等族議会）であり、貴族、聖職者、平民などの各身分の代理人から構成されていた。市民革命後、身分制議会は国民議会に変化し、個人の自由と権利を保障するための討議の場となった。

近代議会において重要な原則は、以下の３つである。（1）代表の原則。議員は、選挙区の代理人ではなく、国民全体の代表者として行動するべきであるという原則である。身分制議会では、議員は選出母体の利益のために行動したが（命令委任）、近代議会では、議員は自分の意思に基づいて、国民全体の利益のために行動するものとされた（自由委任）。（2）審議の原則。議会は法律を制定する場合に、自由かつ公開の場で慎重に審議しなければならない。そのため、議会において多数派が過半数を占めていたとしても、少数派の意見を尊重することが求められる（多数決の原理と少数意見の尊重）。（3）行政監督の原則。議会は、国民の自由と権利が侵害されないように、行政機関の活動を監督する。

さらに考えてみよう

市民革命を通じて個人の自由と権利が認められ、それを守るための近代国家の原理と制度が採用された。これらの権利や制度は、**民主主義**に不可欠な基盤となった。しかし、民主主義は、近代国家ではじめて登場したものではない。民主主義とは、もともと、古代ギリシアの都市国家（ポリス）における政治のあり方をさす言葉であった。都市国家アテナイでは、すべての成人男性が民会に出席し、討議を尽くして政策を決定した。

一方、市民革命直後の近代国家では、議会に選出される議員や選挙で投票できる市民は、国民のごく一部にかぎられ、政治はブルジョワジーに独占されていた。本来、民主主義は、すべての国民が政治に参加し、統治する人と統治される人が同一となる政治である。その意味でいえば、この時代の民主主義は、道なかばであった。次章において、近代国家でどのように民主主義が発展し、変容していったのかをみていくことにしよう。

Questions

1. 市民革命に影響を与えた思想には、どのような思想があったのかを考えてみよう。
2. 市民革命によって、どのような個人の自由や権利が認められたのかを考えてみよう。
3. 市民革命によって、どのような国家の原理や制度がつくられたのかを考えてみよう。

読書案内

市民革命と社会契約論、それ以降の政治思想については、宇野重規『**西洋政治思想史**』（有斐閣、2013年）が代表的で初学者向け。社会契約論については、重田園江『**社会契約論——ホッブズ、ヒューム、ルソー、ロールズ**』（ちくま新書、2013年）がある。より本格的には、中谷猛・足立幸男編『**概説西洋政治思想史**』（ミネルヴァ書房、1994年）。資料集としては、杉田敦・川崎修編『**西洋政治思想資料集**』（法政大学出版局、2014年）がお薦めである。

5章　現代の民主主義

この章で学ぶこと

欧米諸国で起きた市民革命によって、人びとは個人として尊重され、自由と権利を手に入れた。しかし、政治に参加する権利は、まだ一部の人にしか認められていなかった。政治家になりたい、政治家になる人を選びたいという願いは押さえ込まれていたのである。本章では、近代国家のなかで、どのように民主主義を実現してきたのかを考えてみよう。

しかし、民主主義を実現したとしても、政治の問題をすべて解決してくれるわけではない。民主主義が、個人の自由や権利を保障するとはかぎらないからである。民主主義には、どのような危険性があるのか。それを克服するためには、市民がどのように行動するべきかを考えることにしよう。

1 自由主義と民主主義

17世紀から18世紀までの市民革命では、個人は、一人の人間として尊重されるようになった。個人の自由と権利が認められ、それを守るための国家のしくみ（統治機構）がつくられることになった。しかし、国民の政治に参加する権利（**参政権**）は、教養と財産のある市民（ブルジョワジー）に限定されたままであった。それには、自由主義者と民主主義者の深刻な対立があった。

自由主義者は、国王や特権階級から権力を奪い取り、個人の自由や権利を守るように求めたが、政府の運営は、ブルジョワジーに限定しようとした。教養や財産もない人びとが政治に参加すれば、混乱が起きると考えたからである。一方、民主主義者は、個人の平等を実現するために、すべての人びとが政治に参加できるように、**普通選挙**の導入を訴えた。普通選挙とは、すべての成人が選挙権を行使できる選挙のことである。

市民革命の時代には、自由主義者と民主主義者が厳しく対立していた。イギリスの清教徒革命（ピューリタン革命）では、兵士や民衆からなるレヴェラーズ（水平派）が、普通選挙制を求めた。しかし、彼らは、独裁者クロムウェルにより弾圧されてしまった。また、フランス革命では、1792年に国民公会の議員選挙において、世界ではじめて男性普通選挙がおこなわれた。その後、革命家ロベスピエールが、人民主権と普通選挙制を盛り込んだジャコバン憲法（1793年憲法）を制定した。ところが、ロベスピエールはクーデタで失脚し、憲法も改正され、普通選挙の実施も見送られることになった。

一方、アメリカでは、イギリスやフランスほど階級格差はなく、自由主義と民主主義の対立も深刻ではなかった。フランスの政治哲学者**A．トクヴィル**は、著書『アメリカのデモクラシー』（1835／1840年；邦訳書 2005・2008／2015年）のなかで、民主主義の下では、個人が多数派の意見に同調し、強大な国家を生み出すことで、少数派の自由や権利を奪うおそれがあると考えた（多数者の暴政）。しかし、アメリカを訪れたトクヴィルは、それが懸念にすぎないことを知る。アメリカでは、市民が自発的組織や互助組織に参加し、タウン・ミーティングなどを通じて地域共同体に積極的に関与していた。市民が政治に参加することで、個人の自由と権利を守ろうとしていたのである。また、アメリカでは、各州が早くから普通選挙制を導入することで、国民の政治参加を制度的にも拡大していった。

表5-1　普通選挙制度の導入（年）

	男性普通選挙制	女性普通選挙制
フランス	1848	1946
アメリカ	1870	1920
イギリス	1918	1928
ドイツ	1871	1919
日本	1925	1945
ソヴィエト連邦	1936	1936
中国	1952	1953

イギリスとフランスにおいても、普通選挙制を求める動きが本格化することになった。イギリスの政治哲学者**J．S．ミル**は、著書『代議制統治論』（1861年：邦訳書2019年）のなかで、もっとも望ましいのは、国民全体による統治であり、現実には、国民の代表者（議員）が政治をおこなう代議制（議会制民主主義）であると述べ、選挙権の拡大を主張した。

イギリスでは、産業革命が成功し、資本家が都市に工場をつくり、多くの労働者が仕事を求めて農村から都市へと移り住んでいた。そのため、都市の資本家と労働者が、農村に有利な選挙制度を改正し、参政権を求めるようになった。1832年に都市資本家の参政権が認められたが、労働者の参政権は認められなかった。そこで、都市労働者が中心となって、普通選挙制を求めるチャーティスト運動を起こし、都市労働者（1867年）と農村労働者（1884年）にも参政権が拡大した。その後、女性参政権運動もはじまり、1928年には男女普通選挙制が導入された。

フランスでは、国王ルイ・フィリップの時代に、民衆が改革宴会を開いて、普通選挙制の実現を世論に訴えようとした。ところが、政府はこの動きを阻止したために、民衆が暴動を起こし、1848年に2月革命が起きた。ルイ・フィリップは亡命し、臨時政権が男性普通選挙制の導入を決定した。しかし、女性普通選挙制が認められたのは、第二次世界大戦後であった。このようにしてイギリスやフランスでは、自由主義に基づいて設立された近代国家の下で、民主主義が制度としても認められ、**自由民主主義**が育まれることになった（表5-1）。

2　社会主義と民主主義

19世紀から20世紀にかけて、資本家・富裕層と労働者・農民・貧困層との格差が拡大し、社会不安が高まることになった。このような状況で、ドイツの経済学者K．マルクスやF．エンゲルスが中心となって、労働者の権利と平等を達成するために、**社会主義**の理論を体系化した。

ヨーロッパで社会主義が広まるなかで、近代国家を革命で打ち倒し、プロレタリア国家（労働者の国家）を一気に建設するべきか。それとも、近代国家を維持しながら、労働者の権利を少しずつ実現していくべきか。社会主義の進路をめぐって深刻な対立が生じた。前者を支持するグループは、ロシアの革命家**レーニン**を指導者として、1917年にロシア革命を成功させ、1922年にソヴィエト連邦を建国した。彼らはプロレタリア独裁（労働者による独裁）を宣言し、権力分立などの近代国家の諸制度を否定した。

後者を支持したグループは、一般に**社会民主主義**といわれる。イギリス・**フェビアン協会**（のちのイギリス労働党の母体）の**ウェッブ夫妻**、ドイツ社会民主党の**E．ベルンシュタイン**、フランス社会党の**J．ジョレス**らが、議会を通じて労働者の権利と社会保障を実現しようとした。たとえば、労働者の権利には、労働組合を設立する権利（団結権）、労働組合が企業側と、賃金や労働時間について交渉する権利（団体交渉権）などがあげられる。

第一次世界大戦後のドイツで誕生した**ワイマール憲法**は、社会民主主義者の求めに応じて、世界ではじめて**社会権**を採用した。社会権とは、個人が最低限の生活を営めるように、国家に要求できる権利のことである。ワイマール憲法は、「すべての者に人間たるに値する生活」を保障する生存権を明記し、労働者の諸権利も盛り込んだ。さらに、「所有権は義務を伴う」という規定を設けて、富裕層の財産の一部を貧困層に再配分して、経済的格差を是正しようとした。

3　大衆民主主義と全体主義体制

普通選挙制の導入によって、国民が政治において重要な役割を果たすようになった**大衆民主主義**の時代が到来した。ところが、大衆民主主義には、国民が強力な指導者を求め、個人の自由や権利を抑圧する政治体制をもたらす危険性があった。

1929年、アメリカのウォール街で発生した大恐慌によって、全世界が深刻な不況に見舞われた。アメリカ、イギリス、フランスでは、自由民主主義体制を維持しながら、政府が積極的な経済政策を実施した。アメリカのニューディール政策は、その代表例である。ドイツでは、国民が選挙を通じてナチスを支持し、1933年に**A．ヒトラー**政権を樹立した。

ところが、ヒトラーは、全権委任法を制定し、議会から立法権を奪って権力分立を否定し、ワイマール憲法に反する法律も制定できるようにした。その結果、個人の自由と権利は制限され、政党は解体し、議会は事実上停止した。少数派のユダヤ人は、強制収容所に連れて行かれて、そこで多くの人びとが殺された（**ホロコースト**）。労働組合からボーイスカウトまで、あらゆる市民組織は、国家の管理下に置かれることになった。このような政治体制を、**全体主義体制**という。このような体制ができたのは、ヒトラーが不況と失業問題を打開し、国民の多くが、ヒトラーを熱狂的に支持したからである。

4　新たな民主主義の展開

ヒトラーは大衆から支持を受けて、強力な全体主義国家をつくり出し、自由主義や議会主義を否定した。それでは、個人の自由や権利を守りながら、民主主義の制度を保つためには、どのようにしたらいいのだろうか。この問題について、議論が繰り広げられることになった。

オーストリアの経済学者**J．シュンペーター**は、著書『資本主義･社会主義･民主主義』（1942年；邦訳書 1995／2016年）のなかで、民主主義における国民の

図5-1　ポリアーキー

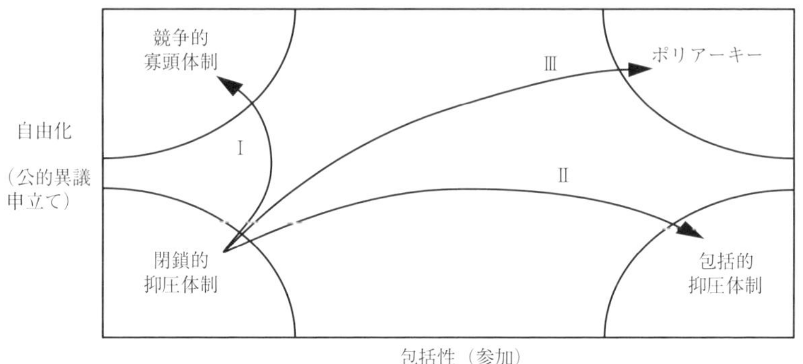

出典：R．ダール『ポリアーキー』三一書房、1981年、11頁。

役割は、政策決定に直接参加することではなく、政治指導者を選ぶことであると述べた。国家の規模が大きくなり、国民の直接参加は現実的ではないと考えたからである。ただし、国民が政治指導者を選ぶ場合には、複数の政治エリートが政策について競争し、そのなかから、国民が適任と考える人物を選び出すことが重要であると考えた。このような民主主義を、**競争的エリート民主主義**という。

一方、政治エリートだけでなく、国民にも利益をめぐる競争があると指摘したのが、アメリカの政治学者**R．ダール**である。ダールは、著書『統治するのはだれか』（1961年；邦訳書 1988年）のなかで、国民が企業、労働組合、宗教団体などの利益団体に所属し、利益団体が交渉したり連携したりして、政策決定に関与していることを明らかにした。このように、多様な利益団体が競争することで実現される民主主義を、**多元的民主主義**という。

また、ダールは、著書『ポリアーキー』（1971年；邦訳書 2014年）のなかで、理想的な民主主義体制を**ポリアーキー**と名づけた。ダールによれば、ポリアーキーを実現するには、2つの基準を満たす必要がある。（1）国民の政治参加が広く認められること（参加）。（2）国民の政府に対する批判や抗議が広く許されること（公的異議申し立て）。これらが認められた政治体制であればあるほど、ポリアーキーに近づくと考えられた。これに対して全体主義体制は、国民を政治集会に動員したので、政治参加は高い状況にあったが、政府に対する批判は封じ込められており、民主主義とは相容れない包括的抑圧体制であった（図5-1）。

1960年代には、欧米諸国を中心に市民運動や学生運動が盛り上がりをみせ、市民が政治に直接参加することの意義が再認識されることになった。政治学者C. ペイトマンは、著書『参加と民主主義理論』（1970年；邦訳書 1977年）のなかで、以下のように述べている。大衆民主主義では、多くの市民が政治に参加できるようになった。ところが、一人が政治に及ぼす影響力はむしろ小さくなったので、政治に無力感を感じてしまった。しかし、市民が、地域社会・学校・職場などの身近なところで政治に参加することで、組織や社会に帰属し、政治に関与しているのだという意識をもつようになった。それが、民主主義を促進する原動力となった。

このように市民が、政治に直接参加することで実現される民主主義を、**参加民主主義**という。また、市民が、国民投票や住民投票（レファレンダム）を通じて政策決定に参加し、公害・環境問題、食品・医薬品の健康被害、軍事基地・空港・原子力発電所の建設などについて、問題を投げかけ、運動を起こすことも、参加民主主義にとって重要なことである。

昨今、政治指導者や利益団体による競争は、むしろ民主主義を駄目にするのではないかと批判されるようになってきた。彼らが自己の利益を追求しても、社会全体の利益が拡大するとはかぎらないからである。哲学者J．ハーバマスは、著書『事実性と妥当性』（1992年；邦訳書 2002・2003年）のなかで、市民自身が討議と説得を重ねることで、社会全体の合意をもたらし、それを政治に反映させることが、民主主義に求められる態度であると考えた。このような考え方を、**討議民主主義**（熟議民主主義）という。

一方、討議を重ねても、合意に至らないような個人や集団間の対立に着目する考え方もある。たとえば、宗教、ナショナリティ、ジェンダー、セクシュアリティといったアイデンティティの問題は、討議や説得による妥協になじまない。政治哲学者C．ムフは、著書『政治的なるものの再興』（1993年；邦訳書 1998年）のなかで、個人や集団が相互に譲れない対立点を自覚し、合意に至らなくても社会の多元性を認め合うことが、民主主義に必要な姿勢であると述べた。このような考え方は、**闘技民主主義**といわれる。

5　権威主義体制と民主化

民主主義体制や全体主義体制については、よく知られるようになってきたが、すべての国家が、どちらかの政治体制を採用したわけではなかった。政治学者**J．リンス**は、著書『全体主義体制と権威主義体制』(1975年；邦訳書 1995年)のなかで、スペインの独裁者フランコの政治体制を分析し、**権威主義体制**の存在を指摘した。権威主義体制とは、民主主義体制のように、市民が政治について自由に発言し、行動することは認められないが、全体主義体制のように、市民が政治集会などに連れ出され、特定の思想を強要されることもない政治体制である。

このような権威主義体制は、ラテンアメリカ諸国で一般的にみられ、軍隊や官僚などが政府の要職を独占し、国民の政治活動を厳しく制限した。たとえば、チリのピノチェト政権(1974-1990)は、新自由主義に基づく経済政策を進める一方、反対派を徹底的に弾圧したことで知られる。アジア諸国のなかには、経済成長に必要な政治の安定を優先し、権威主義体制を正統化する国家もあった。そのような政治体制を、**開発独裁**という。たとえば、韓国の朴正熙(パクチョンヒ)政権(1963-79)、フィリピンのマルコス政権(1965-86)、インドネシアのスハルト政権(1967-98)などが代表例である。

このような権威主義体制は、政治学者S．ハンティトンが「**第三の波**」と名づけた民主化の動きによって、民主主義体制へと移行していった。1970年代後半に、ポルトガル、スペイン、ギリシアで民主化が実現し、1980年代に入ると、ラテンアメリカ諸国やアジア諸国において民主化が進んだ。1980年代末から、東欧諸国や旧ソ連諸国でも政治体制がかわり、今日では、イスラーム諸国を中心に「**アラブの春**」といわれる民主化運動が起きた。しかし、民主主義体制に移行しても、政情が不安定な国家もあり、民主主義の定着が課題となっている。

権威主義体制と全体主義体制

リンスは、権威主義体制が、全体主義体制と以下の点で異なると説明した。（1）限定された多元主義。全体主義体制では、多様な意見や立場は認められないが、権威主義体制では一定の制限の下で、軍隊・官僚・教会などの政治勢力の影響が容認される。（2）イデオロギー。全体主義体制では、ドイツのナチズムのような統治思想があるが、権威主義体制には独自の統治思想はあまりみられない。（3）政治動員。全体主義体制では、国民を政治集会などに動員して、指導者に対する熱狂的な支持を演出するが、権威主義体制では、国民の政治動員は弱い。（4）指導者の権力。全体主義体制では、強大な権限が指導者に与えられるが、権威主義体制では、指導者の権力は、軍隊·官僚·教会などの政治勢力によって、予測可能な範囲内に抑制される。

ポピュリズムと民主主義

冷戦後のヨーロッパやラテンアメリカ諸国における一部の政党や、アメリカのトランプ政権は、ポピュリズムに傾倒した政治勢力として認識されている。一般的にポピュリズムは民主主義の価値を否定する危険な存在として見なされることがあるが、必ずしも民主主義自体を否定しているわけではない。ポピュリズムが強調しているのは、エリート中心の政治に対抗するための人民の政治という側面である。いずれの国家においても、大統領や議員に選出される人びとはエリート層であることが多く、ごく普通の生活を営んでいる人びと（人民）が政治に参加する余地はあまりない。ポピュリズム政党は、左派や右派といったイデオロギーのいずれかを代弁するよりも、左派と右派のエリート層に対抗する人民の意見を代表することを標榜する。しかし、ポピュリズム政党は、このような人民の意見を代弁するための方法として民主主義の破壊と暴力を通じた独裁を是認せず、国民投票などの直接民主主義の導入を強く訴える傾向がある。その一方で、ポピュリズム政党はこれまでの政治的な制度やルールを無視したり、人民の支持を獲得するために、移民や外国人の排斥を訴えたりするなど、自由主義や民主主義の価値を否定する傾向もある。

さらに考えてみよう

欧米諸国で市民革命が起きてから、多くの人びとが政治に参加する権利を求めて、立ち上がり、普通選挙制が達成された。民主主義は、個人の自由や権利を守るために利用され（自由民主主義）、個人の平等や格差の是正のためにも活用された（社会民主主義）。ところが、民主主義には、大衆が指導者を熱狂的に支持して、自由主義や議会主義を放棄してしまう危険性もある。また、現在でも、民主主義を否定する政治体制は、世界に残されている。民主主義を維持して、発展させるために、どのように市民が行動すればよいのか考えてみよう。

Questions

1. 自由主義と民主主義は、どのように異なるのかを考えてみよう。
2. ポリアーキーの図を見て、民主主義に必要な２つの要素は何かを考えてみよう。
3. 民主主義にとって参加はどのような意味があるのかを考えてみよう。

読書案内

佐々木毅**『民主主義という不思議な仕組み』**（ちくまプリマー新書、2007年）は、丁寧に民主主義を説明した初学者向けの本。岩波書店編集部**『18歳からの民主主義』**（岩波新書、2016年）もあわせて読んでみよう。多数決がどれほど正しい制度なのかについて述べた、坂井豊貴**『多数決を疑う――社会選択理論とは何か』**（岩波新書、2015年）は、興味深い。そのほか、新書には、待鳥聡史**『代議制民主主義――「民意」と「政治家」を問い直す』**（中公新書、2015年）、森政稔**『迷走する民主主義』**（ちくま新書、2016年）、八代尚宏**『シルバー民主主義――高齢者優遇をどう克服するか』**（中公新書、2016年）、水島治郎**『ポピュリズムとは何か――民主主義の敵か、改革の希望か』**（中公新書、2016年）、前田健太郎**『女性のいない民主主義』**（岩波新書、2019年）、宇野重規**『民主主義とは何か』**（講談社現代新書、2020年）、空井護**『デモクラシーの整理法』**（岩波新書、2020年）がある。

6章　現代の福祉国家

この章で学ぶこと

近代国家の役割は、国民の安全と福祉を守ることにある（4章を参照）。しかし、国家は、当初から、国民の福祉に関心を寄せていたわけではなかった。実際には、国民の生活が疲弊していても、国家はそのような国民の実情には無関心であった。現在、国家は、国民に福祉を提供する福祉国家に成長し、また限界を迎えつつある。ここからは、近代国家が、どのようにして国民の福祉を保障するようになってきたのかを学んでいくことにしよう。

1　社会福祉と福祉国家

ここでは、**社会福祉**や**福祉国家**とは何かを考えるにあたって、重要な文書である『ベヴァリッジ報告』を参考にしてみよう。この報告書では、福祉国家を建設するために、以下の5つの巨悪を解決することを求めた。その5つとは、貧困、疾病、無知、不衛生、怠惰である。これらを改善するためには、所得保障、医療、教育、住宅、雇用の政策がそれぞれ必要になってくる。このような福祉政策を追求する国家のことを、福祉国家と言い表すことにしよう。

2　社会保障のしくみ

2-1　公的扶助と社会保険

このような福祉政策を追求するなかで、国家が形成してきた制度が、社会保障制度である。社会保障制度には、大きく分けて公的扶助と社会保険の2つがある。

公的扶助とは、国や地方自治体が税金を財源として、困窮（こんきゅう）者に対して最低限度の生活（ナショナル・ミニマム）を保障するために、現金やサービスを給付するしくみである。このような給付を受けるためには、所得や資産の調査（ミーンズ・テスト）が必要になる。日本では、生活保護が公的扶助制度にあたる。また、所得や資産とは関係なく、一定の基準を満たせば、現金やサービスが給付される社会手当・社会福祉サービスもある。たとえば、日本では、児童扶養手当や高齢者・障害者・児童・母子福祉があげられる（表6-1参照）。

社会保険とは、国や地方自治体の公費負担、企業などの事業者と個人の保険料負担によって財源を確保し、そのなかから、老齢、疾病、介護、失業、労働事故などの条件を満たした個人に対して、現金やサービスを給付するしくみである。この社会保険は、個人が選択できる任意保険ではなく、すべての個人が加入を義務づけられる強制保険である。日本には、年金保険、医療保険、介護保険、雇用保険、労災保険がある（表6-1参照）。

表6-1　日本の社会保障制度

公的扶助		・一定の生活水準を満たしていない生活困窮者に経済援助をおこなうもの。具体的には生活保護である。
社会保険	年金保険	・一定の年齢に達した高齢者に生活費が給付されるもの。
	医療保険	・一定の病気や怪我を負ったときに、治療代が支払われるもの。
	介護保険	・介護を必要とする人びとに対して、自立した生活を支援するもの。
	雇用保険	・失業者が、失業してから一定の期間に、生活費を給付するもの。
	労災保険	・職場で病気や怪我を負った場合に、治療代が支払われるもの。
社会福祉		・子ども、高齢者、心身障害者などの社会に不利な立場に置かれている人びとに対して、経済的な協力以外の方法で、援助が必要な人や能力を支援するもの。 ・高齢者福祉、障害者福祉、児童福祉、母子福祉などが該当する。
公衆衛生		・国民の健康と衛生状態を促進するもの。保健所や公立病院の整備、公害対策、感染症対策などである。

2-2　福祉国家の類型

社会学者G．エスピン＝アンデルセンは、著書『福祉資本主義の３つの世界』(1990年；邦訳書 2001年）のなかで、先進国における福祉レジーム（体制）を３つの類型にしている。この類型によって、欧米諸国や日本の社会福祉を比較することができるであろう（表6-2参照)。

第１は、**自由主義福祉レジーム**である。その代表的な国家は、アメリカ、カナダ、オーストラリアである。これらの国家では、自由主義（5章を参照）の考え方が強く、個人の自由権がとくに尊重されていることから、政府が市場に介入することに消極的である。そのため、政府は、経済格差を是正することにも消極的な立場をとっている。国家の社会保障は、貧困者などの一部の国民にかぎられており（選別主義)、その給付水準も低く抑えられている。そのため、国全体の社会保障負担は小さくなっている（**低福祉・低負担**)。

第２は、**社会民主主義福祉レジーム**である。その代表的な国家は、スウェーデン、デンマーク、ノルウェーである。これらの国家では、社会民主主義（5章を参照）の考え方が強く、個人の社会権がとくに尊重されていることから、政府が市場に介入することに積極的である。そのため、政府は、経済格差を是

表6-2　3つの福祉レジームの比較

類型	主な特徴	所得再配分の規模	給付の対象・性格
自由主義福祉レジーム	市場の役割大	小規模（小さな政府）	生活困窮者向けの給付が多い。選別主義
社会民主主義福祉レジーム	国家の役割大	大規模（大きな政府）	現役世代向け、高齢者世代向けともに充実。普遍主義
保守主義福祉レジーム	家族・職域の役割大	中～大規模	高齢者向け給付が多い。社会保険は普遍主義 公的扶助は選別主義

出典：平成24年度版『厚生労働白書』84頁を修正した

正することにも積極的な立場をとっている。すべての国民が、国家の社会保障を受けることができ（普遍主義）、その給付水準は相対的に高い。そのため、国全体の社会保障負担は大きくなっている（**高福祉・高負担**）。

第3は、**保守主義福祉レジーム**である。その代表的な国家は、ドイツ、フランス、イタリアである。これらの国家では、個人より家族や企業などの組織の連帯がとくに尊重されている。そのため、育児や介護は家族の責任とされ、社会保険は企業によって提供されている。政府は、家族や企業を補完するための社会福祉制度を設け、格差の解消に積極的である。

それでは、日本は、どのようなカテゴリーに入るのであろうか。エスピン＝アンデルセンは、日本の社会福祉では家族や企業の役割が大きいので、保守主義福祉レジームに近いが、社会保障の給付水準はアメリカ並みに低いことから、自由主義福祉レジームにも近いと考えている。ただし、日本の社会福祉制度の歴史は浅く、発展途上であるために、どのような福祉国家のモデルになるのかを結論づけていない。

現代の日本では、高齢化が急速に進むことで、社会保障の給付水準が上昇しており、今後も、給付水準が低い傾向が続くとはかぎらない。また、少子化による生産年齢人口の減少によって、女性の就業者が増えることも見込まれ、福祉の主体が家族であるという時代も変化していくであろう。

3　福祉国家の歴史

ここからは、世界の福祉国家の歴史を追うことで、どのようにして福祉国家が発展し、また限界を迎えているのかを学ぶことにしよう。

3-1　絶対王政の時代

近代国家が、貧困者の救済に責任を負う第一歩になったのが、イギリスの**救貧法**であった。16世紀には、イギリスの農村での第1次囲い込み（農地の牧草地への転換）によって浮浪者が増加して、大量の困窮者が出ることになった。イギリスのエリザベス1世は、救貧法（1601年）を制定し、労働能力のある貧民には、就労を強制し、労働能力をもたない貧民は、家族に扶養させ、それも適わない場合には、救貧院や在宅での金銭給付による扶養をおこない、扶養能力のない貧民の児童は徒弟に出させた。

3-2　産業革命の時代

18世紀後半から19世紀にかけて、イギリスで産業革命が起きて、**自由放任主義**（レッセ・フェール）を原則とする経済的自由主義の考え方が定着するようになった。その代表的なイギリスの経済学者が、**A. スミス**である。スミスは、著作『**国富論**』（1776年；邦訳書 2000／2007／2020年）において、国家は、個人や企業の経済活動を規制することなく、市場における自由競争を認めれば、おのずと「見えざる手」によって経済の規模を最大化できると説いた。このような経済的自由主義によって、政府は貧困者の救済に消極的になっていった。

イギリスでの産業革命の進展によって、人口が増加し、食糧の需要も増えたので、農村では、地主や農業資本家が第2次囲い込みによって、農地を独占し、農民の多くが都市に労働者として流入するようになった。イギリスの工場では、機械化が進展することで、単純作業に従事する女性や子どもも増加し、生活のために長時間労働が強いられるようになった。

このような状況を改善するために、イギリスでは一連の**工場法**が制定されることになった。1833年の工場法では、8歳未満の児童の労働が禁止され、年少者の労働時間を制限し、これを監視する工場査察官が置かれることになった。1847年の工場法では、労働時間の規制が成人女性にも適用されることになった。

3-3　社会主義の時代

19世紀から20世紀にかけて、資本家と労働者の間の格差が深刻になり、困窮する労働者が増加するにつれて、社会主義の思想と運動が盛んになった（*5*章を参照）。プロイセン（のちのドイツ）の社会主義者**F．ラッサール**は、著書『労働者綱領』（1862年）のなかで、自由主義国家は、国内の治安維持と外敵からの防御にだけ関心を寄せ、国民の福祉には無関心であることを批判し、そのような自由主義国家を**夜警国家**と呼んで非難した。ここでいう「夜警」とは、ブルジョワ資産の番人を意味する。

1875年、ラッサール派はマルクス主義派と合同して、ドイツ社会主義労働者党を結成した。このような動きに対して、ドイツ宰相O．v．ビスマルクは、1878年に社会主義者鎮圧法を制定する一方、社会主義者をなだめるために、疾病保険（1883年）、労災保険（1884年）、老齢・障害保険（1889年）を導入し、労働者の福祉のための施策を打ち出した。このようにドイツで導入された一連の社会保険は、欧米や日本の社会保険制度のモデルとなった。

3-4　世界恐慌の時代

1929年、アメリカの株式市場で株価が大暴落したことを契機として、景気後退と金融危機が発生し、失業者や貧困者が急激に増加することになった。このような世界恐慌に対して、1933年にアメリカ大統領に就任した**F．D．ルーズベルト**は、自由放任主義を放棄し、国民の生活を保障するための**ニューディール政策**を推進した。

ニューディール政策のなかで誕生したのが、社会保障法（1935年）である。社会保障法は、社会保険、公的扶助、社会福祉事業から構成されている。社会保険としては、老齢保険と失業保険が整備されることになったが、肝心の医療保険は含まれなかった。公的扶助には、高齢者、視覚障害者、貧困児童への扶助、社会福祉には、母子保健、児童福祉、身体障害児へのサービスが盛り込まれることになった。

3-5　福祉国家の建設

第二次世界大戦に突入したイギリスでは、戦争により甚大な被害を受け、戦争国家（warfare state）から福祉国家（welfare state）への転換が急がれた。そこで、政府に提出されたのが、経済学者W．ベヴァリッジらによる『社会保険および関連サービス（ベヴァリッジ報告）』（1942年）であった。

『ベヴァリッジ報告』は、「揺り籠（かご）から墓場まで」という標語で有名になった報告書である。高齢、病気、失業などによって困窮している人びとを救済するために考えられたのが、均一拠出・均一給付を原則とする新たな社会保険の整備である。これは、国民が一律の保険料を支払い、その保険を財源にして、困窮者に一律の給付をするものである。これによって、国民に対して最低限度の生活（ナショナル・ミニマム）を保障することになった。しかし、この社会保険が機能するためには、包括的な国民保健サービス、完全雇用政策、児童手当が必要になると考えられた。

また、『ベヴァリッジ報告』は、十分な保険料を支払うことができない人に対して、資力調査（ミーンズ・テスト）を実施して、国庫によって生活を保障する制度の設計を求めた（公的扶助）。しかし、このような社会保険や公的扶助では、最低限度の生活しか保障されなかったため、所得に余裕のある人びとは、任意保険に加入することになった。

このようなベヴァリッジの社会福祉政策を理論的に支えたのが、イギリスの経済学者J．M．ケインズであった。ケインズは、著書『**雇用・利子および貨幣の一般理論**』（1936年；邦訳書 2008／2012年）のなかで、国民の消費と政府や企業の投資（有効需要）が拡大すれば、完全雇用が実現できると主張した。そこで、有効需要を拡大するために、政府に対しては、所得税減税と公共事業の実施、金融緩和による企業投資の促進、累進課税や相続税を通じた所得の再配分を求めた。

3-6　福祉国家の危機

1973年、原油価格が暴騰するオイル・ショックが発生し、欧米諸国の景気が後退し、失業者が増加する一方、物価が上昇しつづけるというスタグフレーションに苦しむことになった。ケインズ型経済政策では、有効需要の喚起(かんき)は物価の上昇を招くことから採用できなかった。欧米諸国は、失業者から税を徴収できずに財政収入が減少し、失業手当が増大することで財政支出は増加した。このようにして完全雇用を目指すケインズ型経済政策は破綻し、福祉国家に危機が訪れることになった。

このようなイギリスの経済状況を打開し、福祉国家を否定したのが、**M．サッチャー**政権（1979-90年）である。そこで否定されたのは、福祉国家によって役割が増大した**大きな政府**である。サッチャーは、政府が社会福祉を提供し、国民が社会福祉に依存するようになって、財政が悪化し、政府が市場に介入して規制することで、経済活動の停滞をもたらしていると主張した。

そこで、サッチャーが追求したのが、大きな政府からの脱却と、**小さな政府**（安価な政府）への転換であった。小さな政府では、政府の役割を減らすために、個人に自助努力を求め、市場の役割を重視し、市場への規制を緩和することで、景気回復と財政赤字の縮小を目指した。具体的には、電話事業を郵便事業から切り離して民営化し、公営住宅を売却し、社会保障給付を抑える政策をとった。

このようなサッチャーの政治哲学（サッチャリズム）は、**新自由主義**（ネオリベラリズム）の影響を強く受けた。新自由主義は、個人の自由や権利を尊重する古典的自由主義の考え方を継承しつつも、自由放任主義を認めず、政府の規制のなかでの個人や企業の自由競争を推奨した。

サッチャーに影響を与えたといわれるオーストリアの経済学者**F．ハイエク**は、国家は、市場における情報のすべてを把握できないので、経済活動を計画することは非効率に陥ると述べ、経済活動の自由を最大限認めるように主張した。しかし、ハイエクは、国家の役割がまったくないと述べたのではなく、市場での競争を保障するための法律、社会保障、教育制度などを整備する必要性を説いた。

このような新自由主義政策は、アメリカでは**R．レーガン**政権で採用された

（レーガノミクス）。レーガン政権の経済政策に影響を与えたのが、アメリカの経済学者**M．フリードマン**である。フリードマンは、新自由主義者であり、政府が市場に介入するのではなく、通貨供給量をルールに基づいて制限することで、物価上昇を抑制することができると主張した（マネタリズム）。

3-7　日本における福祉国家の危機

日本では、1973年に「福祉元年」を宣言し、高齢者医療費無料などを通じて社会保障を拡充させたが、オイル・ショックによる景気後退によって、社会福祉制度の改革に乗り出す必要が生じた。そこで考えられたのが、**日本型社会福祉**である。これは、欧米型の福祉国家ではなく、個人の自助努力、家族や近隣・地域社会の相互扶助、企業福祉などを通じた社会福祉のモデルである。

しかし、1990年代になって、日本型社会福祉を支えてきた社会経済構造が揺らぎ始めた。低成長時代に突入して日本型経営が行き詰まり、終身雇用制度が維持できなくなることで、非正規雇用が拡大した。また、少子高齢化が加速して、社会保障費が増加し続けており、財政を逼迫（ひっぱく）させる原因となっている。今後、日本がどのような社会保障を提供していくのかは、日本国民が、どのような給付と負担を受け入れていくかにかかっているといえよう。

さらに考えてみよう

新しい社会福祉の1つのあり方として、**福祉多元主義**という考え方が提唱されるようになってきた。これは、国家や地方自治体による社会福祉はコストがかかり、サービスの質も悪かったことから、個人、家族、地域社会、NGO／NPOなどの非営利団体、企業から提供される社会福祉サービスも活用する社会福祉の新しいあり方である。これは、社会福祉の一部を民営化したり、NGO／NPOや企業に委託したりすることにつながり、社会福祉のコスト削減と、質の向上につながるのかが問題となっている。

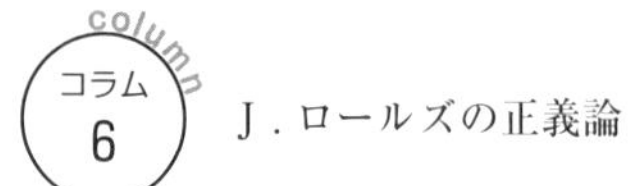

J．ロールズの正義論

すべての自由主義者が、個人の自由と権利を尊重することを強調して、個人間の格差を放置してよいと考えたわけではなかった。そのなかでも、イギリス政治思想家J．ロールズの正義論について紹介しておこう。ロールズは、著書『正義論』のなかで、2つの原理を掲げており、どのような格差が是正されるべきかについて論じている。第一原理が、すべての人びとの自由と権利の尊重である。これは、古典的自由主義を受け継いだものである。第二原理は、2つある。1つは、機会均等原理である。これは、職業や社会的な地位に就くことが、すべての人びとに平等に与えられなければならないという原理である。もう1つは、格差原理である。これは、もっとも不利な立場に置かれている人びとの利益を最大化するべきであるという原理である。このような条件を満たさない場合には、その格差は是正が必要になってくる。なお、ロールズは、機会均等原理が格差原理に優先すると考えた。

Questions

1. 日本には、どのような社会保障制度があるのか調べてみよう。
2. 世界では、どのように福祉国家が発展し、限界を迎えているのかを考えてみよう。
3. 日本は、今後、小さな政府を目指すべきか、大きな政府を目指すべきかを考えてみよう。

読書案内

社会福祉に関連する身近な話題として、阿部彩『**子どもの貧困——日本の不公平を考える**』（岩波新書、2008年）と同『**子どもの貧困Ⅱ——解決策を考える**』（岩波新書、2014年）を手にとって読んでみよう。社会福祉の歴史については、金子光一『**社会福祉のあゆみ——社会福祉思想の軌跡**』（有斐閣アルマ、2005年）が基本書であり、より易しく書かれているものとして、清水教恵・朴光駿編『**よくわかる社会福祉の歴史**』（ミネルヴァ書房、2011年）を薦めたい。福祉国家論については、埣洋一『**福祉国家**』（法律文化社、2012年）が、論点を網羅している文献である。

7章　現代の政治体制

この章で学ぶこと

欧米諸国における市民革命によって、私たちは一人の個人として尊重され、社会を形成する市民として認められるようになった。このように個人の自由と権利が認められるようになったが、それらを守り続けるためには、どのような国家のしくみをつくるのが望ましいのであろうか。ここでは、4章で学んだ、近代国家の原理（法の支配、立憲主義、国民主権、議会主義）を具体的な制度にした権力分立、議院内閣制・大統領制、諸外国の政治制度について考えてみよう。

1　権力分立

権力分立は、国家権力をいくつかの組織に分けて、**抑制と均衡**（チェック・アンド・バランス）によって、権力が濫用されないようにするしくみである。抑制と均衡とは、それぞれの組織が、お互いに権力をむやみに使いすぎないようにチェックし、権力が大きくなりすぎないようにバランスをとることである。とくに、個人の自由と権利を守るためには、権力分立の制度が必要になる。

権力分立は、16世紀から18世紀にかけて、絶対君主の権力を抑えるために生まれた考え方である。イギリスの哲学者**J．ロック**は、国家権力を、立法権と執行権・連合権の２つに分けて、議会が立法権を担当し、国王は、執行権・連合権だけを担当するべきであると説いた。立法権とは、法律を制定する権限のことであり、制定された法律を執行するのが執行権（行政権）である。連合権とは、国を代表した外交をおこなう権限である。

フランスの哲学者**C．モンテスキュー**は、著書『法の精神』（1748年；邦訳書1989／2016年）のなかで、国家権力を立法権、執行権（行政権）、司法権の三権に分けることで、個人の自由と権利が守られると主張した。なお、司法権とは、議会が制定した法律を、裁判などで適用する権限である。モンテスキューの**三権分立論**は、アメリカ合衆国憲法やフランス人権宣言に取り入れられ、欧米諸国の多くでは、三権分立に基づいた政治制度を採用した。

日本でも、三権分立の制度を導入し、立法（法律の制定）、行政（法律の執行）、司法（法律の適用）の権限を、それぞれ国会、内閣、裁判所に分けている（具体的な権限については、***10***章、***11***章を参照しよう）。このように権限を分けるだけでなく、抑制と均衡のしくみも取り入れた。

（1）国会と内閣との関係。国会は、内閣総理大臣の指名、内閣不信任決議の採択、国政調査権の行使によって、内閣の行政権を制約する（***10***章を参照）。一方、内閣は、国会召集の決定、衆議院の解散によって、国会の立法権を抑制する（***11***章を参照）。

（2）国会と裁判所との関係。国会は、裁判官の弾劾裁判によって、裁判所の

図7-1　日本の三権分立

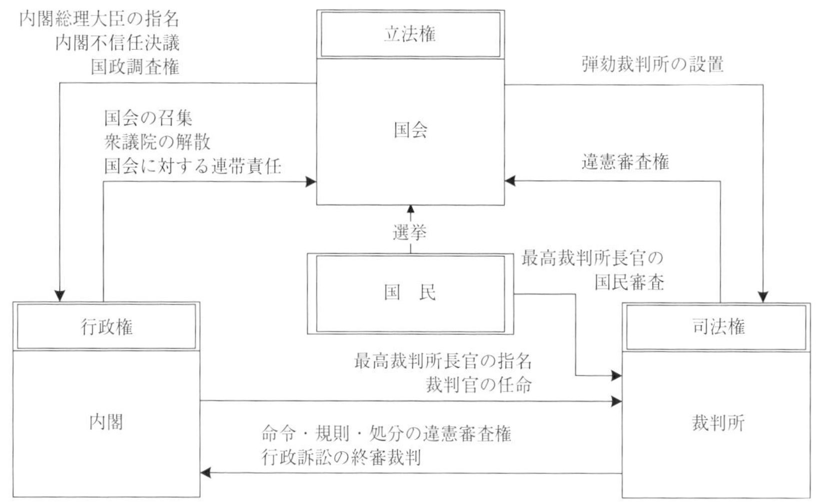

司法権を規律する（*10*章を参照）。一方、裁判所は、**違憲審査権**の行使によって、国会の立法権を規制する。なお、違憲審査権とは、議会が制定した法律が憲法に違反しないかどうかを、裁判所が裁判を通じて判断する権利である。

（3）内閣と裁判所との関係。内閣は、最高裁判所長官の指名、その他の裁判官の任命を通じて、裁判所の司法権を制限する。これに対して、裁判所は、命令・規則・処分の違憲審査によって、内閣の行政権を抑制する。なお、命令とは、行政機関が定める政令や省令、規則とは、行政が定める細目的事項・手続事項を内容とする規則、処分には、行政処分、強制処分、保護処分などの行政行為が含まれる（図7-1）。

しかし、このような三権分立の制度は、すべての国家で取り入れられているわけではない。とくに、ソヴィエト連邦や中華人民共和国（中国）などの社会主義諸国では、権力分立を否定し、**民主集中制**を採用した（現在のロシアは、権力分立制の国家である）。なお、中央政府と地方政府との間で、権限を分けることも、権力分立の1つとして考えられる（地方分権）。

2 議院内閣制と大統領制

議院内閣制とは、議会が内閣を組織し、内閣が実質的な行政権をもっている制度のことである。イギリス、日本、ドイツなどの国家が、議院内閣制を導入している。議院内閣制では、議会が内閣を組織するので、内閣は議会に対して責任を負うことになる。そのため、議会の信任を失った内閣は、総辞職するか、議会を解散して、国民に信任を問わなければならない。

大統領制とは、国民が選んだ大統領が、実質的な行政権をもっている制度である。アメリカ、ラテンアメリカ諸国、韓国などの国家が、大統領制を導入している。大統領は、一定期間の任期を約束されており、安定政権を維持しやすいといわれる。

3 諸外国の政治制度

3-1 イギリスの政治制度

イギリスでは、**成文憲法**ではなく**不文憲法**を採用している。日本、アメリカ、フランスなどの国家には、憲法という名の法典があるが、イギリスには存在しない。イギリスでは、マグナ＝カルタ、権利請願、権利章典などの歴史的文書、慣習法や判例法などのコモン・ロー、議会法（1911年）や憲法改革法（2005年）などの法律を合わせたものが憲法である。

イギリスは、日本と同様に**立憲君主制**を採用している。立憲君主制とは、君主の地位や権限が、憲法や法律によって規律されている制度のことである。国王（女王）は、**国家元首**（国の最高責任者）であり、議会の召集・解散、法律の制定・公布、宣戦、講和、爵位授与などの権限をもっている。しかし、「国王は君臨すれども統治せず」という言葉にもあるように、これらの権限は、内閣の助言を通じて行使されるので、国王の権限は形式的なものである。

イギリスでは、日本と同様に議院内閣制を採用している。議会は、上院（貴族院）と下院（庶民院）から構成される。上院では、首相が推薦し、国王が任

図7−2　イギリスの政治制度

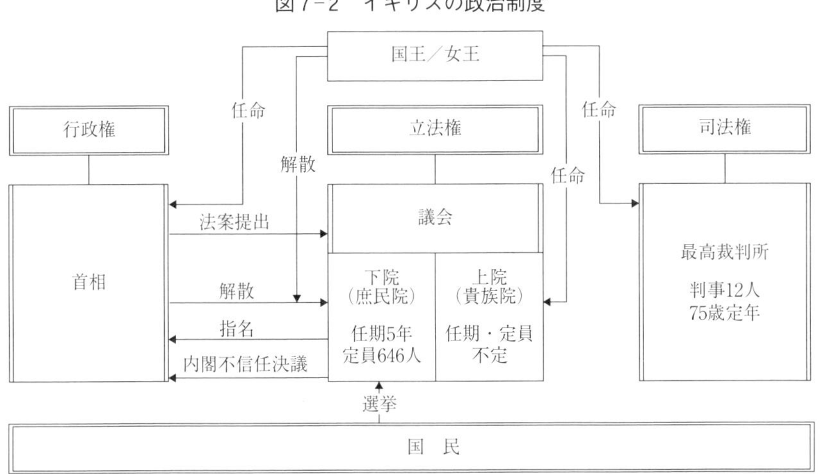

命した世襲貴族や聖職者などが議員を務めている。ところが、現在の上院は、名目的な権限しかもっておらず、実質的な権限は下院にある。下院議員は、小選挙区制に基づいて直接選挙で選ばれる。そこで、多数を占めた政党の代表者が首相になり、内閣を組織する。そのため、内閣は下院に責任を負い、内閣不信任案が採択された場合には、総辞職するか下院を解散しなければならない。

イギリスでは、最高法院が上院に置かれていたが、これに代わって2009年からは、議会から独立した最高裁判所が設けられ、三権分立が徹底されることになった。最高裁判所は、スコットランド以外のすべての刑事裁判・民事裁判の終審裁判所である。なお、イギリスの裁判所には、違憲審査権は認められていない（図7−2）。

イギリスの政党政治は、保守党と労働党による二大政党制が特徴である。与党が政権を担当しているあいだ、野党は政権復帰を目指して閣僚候補を決めて、「影の内閣」を組織するのが伝統である。ただし、今日では、スコットランド国民党やプライド・カムリなどの地域政党が一定の議席を獲得するに至っている。イギリスの政党は、議員に党議拘束をかけることが一般的である。党議拘束とは、政党が所属議員の投票行動などを拘束することである。

3-2　アメリカの政治制度

アメリカは、イギリスとの独立戦争に勝利したのち、最終的に13州が憲法案を批准し、連邦政府を樹立した。アメリカ合衆国憲法は、州憲法をのぞけば、世界ではじめての成文憲法である。

アメリカの**連邦制**では、州政府の権限が強く、連邦政府の権限は、国防、外交、州際問題（州と州とのあいだの問題）の処理などに限定されている。第二次世界大戦後には、国家関係が緊密になり、州際問題が増えたので、連邦政府の権限が強化されてきた。

アメリカの大統領制では、大統領に実質的な行政権を認め、厳格な三権分立制を採用した。大統領は国家元首であり、行政の最高責任者でもある。大統領には、各省長官・高級官吏（かんり）（行政機関の長と幹部）の任命権、連邦裁判所判事の任命権、条約締結権などの外交権、陸海空軍の最高司令官としての軍の指揮権が認められる。

しかし、アメリカは、厳格な三権分立を採用しているので、大統領は、議会に法案を提出する権利をもっておらず、代わりに、**教書送付権**（政策の提案権）だけが認められている（日本やイギリスでは、内閣に法案提出権がある）。ただし、大統領は、法案に署名せず、これを承認できない理由を添えて、議会に差し戻すことができる（**法案拒否権**）。これに対して、議会が、両院で３分の２以上の多数で再議決すれば、法案は、自動的に成立する。また、大統領と各省長官は、議員との兼職が認められない（日本やイギリスでは、首相は議員でもある）。

アメリカの大統領は、国民の**間接選挙**で選出される。共和党と民主党は、予備投票と党員集会を通じて、大統領候補者を選出する。国民は、大統領候補者が明記された用紙で投票し、各州で最多得票をした候補が、各州に人口配分された大統領選挙人を獲得できる（勝者総取り方式）。ただし一部の州では、比例割当方式が採用されている。大統領選挙人の過半数を得た候補が、大統領に選ばれる。なお、大統領の三選は、禁止されている。

アメリカの議会は、上院（元老院）と下院（代議院）から構成される二院制を採用している。上院議員は、各州から２人が選ばれる。任期は６年であり、２年ごとに３分の１が改選される。上院は、高級官吏の任命、条約の締結、連邦

図7-3　アメリカの政治制度

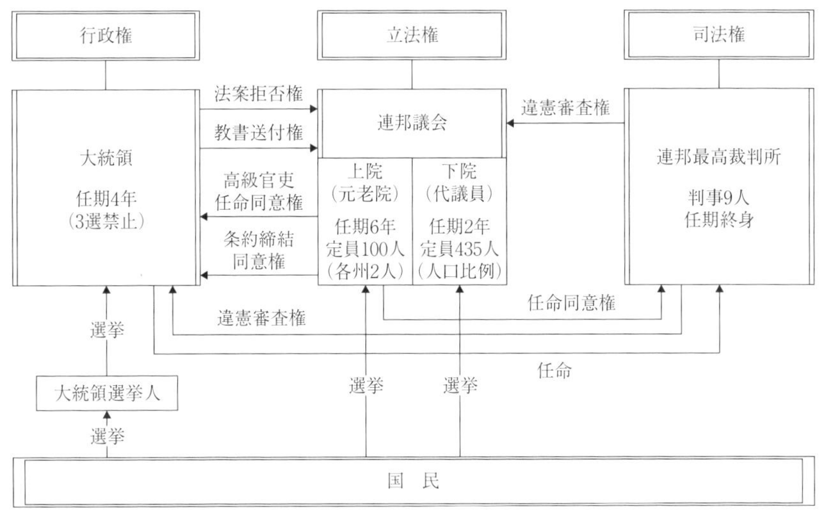

裁判所判事の任命についての同意権をもち、下院は、予算の先議権をもつ。下院議員は、すべて小選挙区制で選出され、任期は2年にかぎられている。また、下院は、大統領が国家に対する反逆や重大な非行をした場合に、弾劾の訴追をして、上院の3分の2以上の賛成があれば、大統領を解任できる。

アメリカの最高裁判所は、9人の判事から構成される。大統領が上院の同意を受けて最高裁判所判事を任命する。1803年のマーベリー対マディソン事件判決によって、世界ではじめて裁判所による違憲審査権が認められた(図7-3)。

アメリカの政党政治では、共和党と民主党の二大政党制が特徴である。アメリカの政党は、法案の採決のときに党議拘束をかけないので、議員は、自らが所属しない政党の法案にも賛成することがよくある(**クロス・ヴォーティング**)。

3-3　中国の政治制度

中華人民共和国は、憲法に「人民民主主義独裁の社会主義国家」と定め、**全国人民代表大会**(**全人代**)に、すべての権力を集約する民主集中制を採用し、権力分立を否定した。

全人代は、国家の最高権力機関とされている。全人代は、憲法の改正、法律の制定、国家主席の選出・任免、国務院総理（首相）の決定、中央軍事委員会主席の選出・任免、最高人民法院院長と最高人民検察院検察長の選出・任免、予算と決算の承認などの広範囲な権限をもつ。全人代は一院制で、省･自治区･直轄市の地方人民代表大会の代表者と、中国人民解放軍の代表者から構成される。年1回開催されるが、閉会中には、全人代常務委員会が全人代を代行する。

国家主席は、国家元首であるが、形式的な権限しか与えられていない。国家主席は、全人代の決定に基づき、法律の公布、国務院総理の任免、外交関係の処理をおこなう。国務院は、行政機関・執行機関であり、全人代（閉会中は全人代常務委員会）に法案を提出する権限をもつ。国務院総理（首相）は、国家主席が指名して全人代が決定し、国家主席が任命する。

憲法前文では、**中国共産党**の指導性が謳われており、中国共産党が、政治・行政・司法に対する実質的な影響力をもっている。1990年代以降、中国共産党**総書記**は、国家主席と中央軍事委員会主席（人民解放軍の統帥権者）を兼務している（図7−4）。

さらに考えてみよう

個人の自由と権利を維持するためには、国家の権力が強大になって濫用されないようなしくみが必要になる。そのために、多くの国では、権力分立の制度を取り入れて、国家の権力をさまざまな機関に分けて、相互に抑制と均衡をはかっている。議院内閣制を採用した国家は、議会が内閣を組織し、内閣が議会に責任を負うが、相互に権力の濫用を監視している。大統領制を採用した国家は、大統領と議会が独立して、相互に権力を均衡させている。権力分立を取り入れた日本では、どのような制度や方法で、個人の自由や権利を守ろうとしているのかを考えてみよう。

Questions

1. 権力分立の意味を明らかにして、日本での三権分立について考えてみよう。

図7-4　中国の政治制度

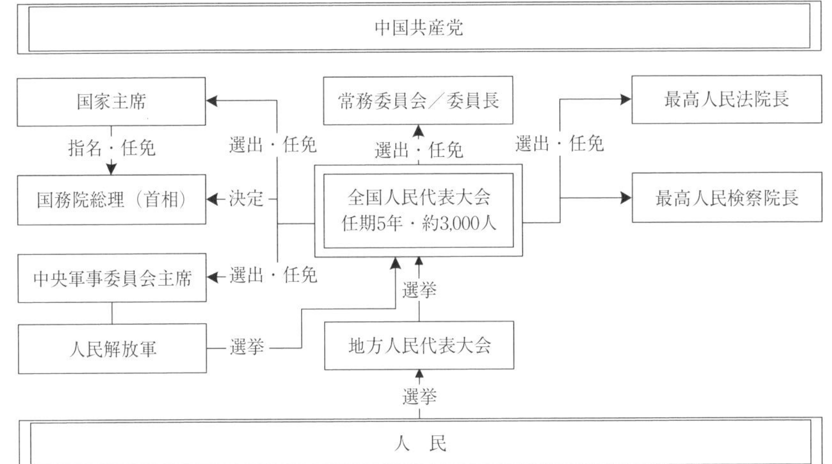

2. 議院内閣制と大統領制の違いについて、イギリスとアメリカを例にして考えてみよう。
3. 権力集中制を採用している中国の政治制度は、日本とどのように異なるのかを考えてみよう。

読書案内

飯尾潤『**日本の統治構造——官僚内閣制から議院内閣制へ**』（中公新書、2007年）は、日本における議院内閣制の特徴を中心にして、国会、内閣、政党などの日本の政治について論じている。現代のアメリカ政治については、久保文明編『**新版 アメリカの政治**』（弘文堂、2013年）が、大統領、議会、政党などの各分野について詳しく説明している。現代のアメリカ政治については、金成隆一『**ルポ トランプ王国——もう一つのアメリカを行く**』（岩波新書、2017年）、同『**ルポ トランプ王国2——ラストベルト再訪**』（岩波新書、2019年）、西山隆行『**アメリカ政治講義**』（ちくま新書、2018年）を参考にするとよい。現代の中国政治については、毛里和子『**現代中国政治——グローバル・パワーの肖像 第3版**』（名古屋大学出版会、2012年）、林望『**習近平の中国——百年の夢と現実**』（岩波新書、2017年）を薦めたい。各国の政治制度を知りたい人は、田口富久治・中谷義和『**比較政治制度論 第3版**』（法律文化社、2006年）が詳しい。

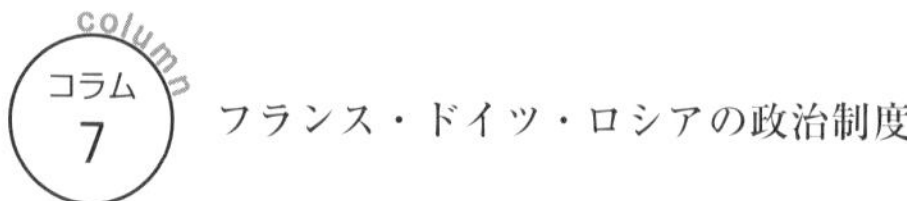

コラム7　フランス・ドイツ・ロシアの政治制度

フランスは、大統領の権限を強化した議院内閣制（半大統領制）を導入している。大統領は、国民の直接投票で選出され、任期は５年・３選禁止である。大統領は、首相指名・任免権、閣議の主催、国民議会の解散権、国民投票の施行権、軍隊の指揮権などの権限をもっている（法案拒否権はない）。

フランスの議会は、上院（元老院）と下院（国民議会）の二院制である。下院は、政府に対する不信任決議案を採択する権限をもつが、これに対して、大統領は首相を罷免するか、下院を解散する（日本とイギリスでは、首相が内閣総辞職するか、下院を解散する）。その場合、大統領は、国民議会の多数派の支持を得られる人物を指名する必要があるので、大統領の所属政党と首相の所属政党が異なる保革共存政権（コアビタシオン）が誕生することもある。

ドイツには、大統領と首相がいるが、首相に実質的な行政権が認められる議院内閣制を採用している。ドイツの議会は、連邦参議院と連邦議会の二院制である。連邦議会は、首相を指名し、首相が閣僚を任命して内閣を組織する。連邦議会は、内閣不信任決議を採択する権限をもつ。ただし、内閣不信任決議案は、野党が次期首相候補を指名し、その候補者が、議会で過半数の信任を得なければ成立しない（建設的不信任制度）。一方、内閣信任決議案が否決された場合には、大統領は、首相の提案に基づいて連邦議会を解散できる。

ロシアは、大統領の権限を強化した議院内閣制（半大統領制）を採用している。大統領は、任期６年・２期まで。大統領は国家元首であり、首相任命権、内閣解散権、下院解散権、法案提出権、法案拒否権、大統領令の制定権など広範囲な権限をもつ。

ロシアの議会は、連邦会議（上院）と国家会議（下院）の二院制である。下院には、首相指名の同意権、内閣不信任決議の採択、大統領弾劾の発議権などの権限がある。上院には、戒厳令・非常事態宣言の承認、軍事行動の承認、憲法裁判所・最高裁判所判事の任命権などが認められる。両議院で採択された法案は、大統領の署名によって公布される。大統領が法案拒否権を発動した場合でも、両議院の３分の２以上の再議決で法案は成立する。

8章　選　　挙

この章で学ぶこと

私たちが政治に参加する手段はいくつか保障されているが、そのなかでも選挙による政治参加は民主政治の基本である。この章では選挙がどのようにおこなわれるのか、その代表的な制度のしくみをまず理解する。そのうえで、日本の国政選挙で導入されている制度について詳しくみることとしよう。

1　民主的な選挙の原則

選挙制度の説明に入る前に、民主的で公正な選挙を実現するための4つの基本原則を確認しておこう。

まず**普通選挙**の原則がある。現在、日本では国民は18歳に達すると誰もが選挙で投票する権利を手にする。この権利を**選挙権**といい、選挙権を有している人たちを**有権者**とよぶ。このように、一定の年齢に達したすべての国民に選挙権を認める制度を普通選挙という。これに対して、財産や身分などによって選挙権に制限を設定する制度を制限選挙という。かつて日本では、一定額以上の税を納めている人びとにかぎり選挙権が認められるという時代もあったが、1925年に男子だけに普通選挙が、そして1945年にようやく男女平等普通選挙が実現した（表8-1）。

第2に**平等選挙**がある。平等選挙とはすべての有権者が等しく一人一票をもつという制度である。ただ、見かけ上は一人一票の平等が実現されていても、実質的な不平等な状況が形成されることがある。いわゆる「**一票の格差**」という問題である。たとえば、有権者が1万人のA区と同じく10万人のB区があるとしよう（図8-1）。ここで、両選挙区がともに定数1（当選者は1人だけ）であった場合、B区の有権者にしてみれば、A区は1万人で1人の議員を選出できるのに、自分たちはその10倍の数がいながら同じく1人しか選出することができないことに不満を感じるだろう。なぜなら、B区の有権者の一票の価値はA区の一票の価値の10分の1にすぎないからである。これではいくら一人一票の平等選挙が実現されていたとしても、住む場所によって一票の価値に不平等が生じているのと同じである。

日本もおよそ半世紀にわたって国政選挙での「一票の格差」をめぐる裁判が繰り返されており、これまで何度か法の下の平等を定めた憲法14条に照らし合わせて「違憲」、あるいは「違憲状態」であると認める最高裁の判決が下された。しかし、国会はこれまでその状況を根本的に是正しようとはしてこなかった。そのなかで、2012年12月に行われた第46回衆議院議員総選挙で最大2.43

表8-1　制限選挙から普通選挙へ

制定年	年齢・性別	納税額	有権者数(対人口比)
1889(明22年)	25歳以上男子	直接国税15円以上	1.1%
1900(明33年)	同	直接国税10円以上	2.2%
1919(大8年)	同	直接国税3円以上	5.5%
1925(大14年)	25歳以上　男子普通選挙		20.0%
1945(昭20年)	20歳以上　男女平等普通選挙		48.7%
2015(平27年)	18歳以上　男女平等普通選挙		83.3%

図8-1　一票の格差

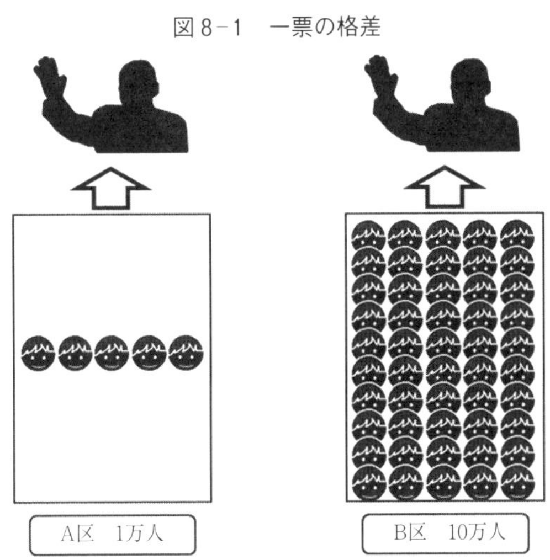

倍に達した一票の格差をめぐって16件の訴訟が起こされた。このうち14件で違憲との判断が下され、なかでも広島高裁と広島高裁岡山支部は選挙を無効とする厳しい判決を下した。選挙自体を無効とする裁判所の判断はこれがはじめてであったが、その後の最高裁判所の判決では「違憲状態」との判断に後退し、国会に対して寛容な判決が下された。

第3は**直接選挙**である。これは有権者が自らの代表を直接選ぶという制度だが、投票する人を選ぶ間接選挙という制度もある。アメリカ大統領選挙は有権者は大統領選挙で投票する選挙人を選ぶという間接選挙の形式をとっている。

そして第4に**秘密選挙**がある。これは誰に投票したのか他人にわからないようにする、つまりは有権者の匿名性を守るための制度であり、これによって有権者一人ひとりは立場の強い人の眼を気にしたり、金銭による買収に屈したりせず投票できる自由が保障される。

2 選挙制度

つぎに選挙制度について考えてみよう。選挙とは投票を通じて私たちの代表を政治の場に送り込み、私たちの声を政治に反映させるための手段である。しかし、「私たちの声を反映させる」といっても、何をもって「私たちの声」と考えれば良いだろうか。国民の多数が支持する声を「私たちの声」と考えることもできるし、また少数意見まで含めた多様な声の分布を反映させてこそ「私たちの声」だと考えることもできる。実は多様にみえる選挙制度も、つきつめれば多数派の声を重視するのか、それとも少数者の声もすくい上げるのかという2つの理念のどちらに重きを置くのかによって特徴づけられる。

前者、つまり選挙区における多数派の声を代表するように設計されたものを**多数代表制**とよび、その典型的なものが**小選挙区制**である。小選挙区制とは1つの選挙区から1人の当選者を選ぶ制度なので、基本的にはもっとも多くの票を集めた候補者が当選する。そのため、人気のある大政党に属する候補者が議席を獲得しやすい。その結果、議会では多数の議席を占める政党が出現しやすくなるので、議院内閣制を採る国では安定的な政権運営が可能となる。ただし、各選挙区では2位以下の候補者に投じられた票はすべて死票となったり、小政党の議席獲得が困難になったりするなど、国民の多様な声を反映するという機能はどうしても犠牲になる。

他方、多数派の声だけでなく少数派の声もできるかぎり生かすために設計された制度を**比例代表制**とよぶ。比例代表制とは各政党の得票数に合わせて議席を比例配分するというもので、この制度の下では少数者の意見が議席に反映されるため死票は減り、小さな政党にも議席獲得のチャンスが生まれる。しかし議会に多くの小政党が議席をもつ（小党分立）ことになるために、単独で過半数をこえる政党が現れにくくなる。そのため比例代表制の下では複数の政党が協力する連立政権が一般的となるが、異なる政党の間には利害の不一致や意見の相違が生じやすく、これが政権運営を不安定にするという問題もある。

ところで、各政党の得票数に比例して議席が配分されるといっても、割り切れなかった場合に1つの議席を複数の政党で分割することができない。そこで、実際の得票の比率に近い自然数の議席配分を実現するためにいくつかの議席配分決定方式が考案されている。そのなかでも、もっとも有名なものは**ドント式**とよばれるもので、これは日本でも採用されている方式である。ちなみに、誰が当選するのかは、各政党があらかじめ提出している名簿に基づいて決定される。

なお、選挙区の定数に基づいて選挙制度を分類する方法もある。小選挙区制とは1選挙区から1人を選出する制度であり、1選挙区から2人以上を選出する場合はすべて大選挙区制とよぶ。大選挙区は地方議会選挙をイメージするとわかりやすい。

3　現在の日本の選挙制度

3-1　衆議院の選挙制度

前節で代表的な選挙制度について説明したので、ここでは現在の日本で採用されている選挙制度の特徴についてみていこう。衆議院議員総選挙（衆院選）では**小選挙区比例代表並立制**が1996年の選挙より導入されている。これは小選挙区制（定数289）と全国を11ブロックに分けた比例代表制（定数176）を組み合わせた方式で、有権者は小選挙区で一票、比例代表で一票をそれぞれ投じる。比例代表は**拘束名簿式**といって、選挙に先立って各政党が順位を付した名簿を提出し、各党に配分された議席はその名簿順位に基づいて当選者が決まるしくみとなっている。またこの制度は、候補者が小選挙区と比例代表の両方に立候補することを可能とする**重複立候補制**をとっており、実際に双方で立候補している候補者は多い。

重複立候補の場合、小選挙区で当選を果たせば、そちらが優先されて比例名簿からは名前が削除される。しかし、小選挙区で落選した場合、候補者は比例

ドント式

AからDまでの4つの政党があり、各政党の得票が以下のようになっていると仮定しよう。そして、この選挙区の定数が10だとすると、各政党は何議席を得られるだろうか。ドント式は各党の得票を1から順番に自然数で割っていく。そこで得られた商の大きい順に定数に達するまで議席を配分していく。

そうすると、A党、B党が4議席ずつ、C党、D党は1議席ずつをそれぞれ獲得する。すべての票に占める各党の得票率は、それぞれA党41.9%、B党34.9%、C党14.0%、D党9.3%なので、おおむね得票率に近い議席配分となっていることがわかるだろう。

ドント式

	A党	B党	C党	D党
得票数	1,800票	1,500票	600票	400票
÷1	1,800①	1,500②	600⑤	400⑨
÷2	900③	750④	300	200
÷3	600⑤	500⑦	200	133
÷4	450⑧	375⑩	150	100
議席数	4議席	4議席	1議席	1議席

代表での復活当選に望みを託す。この場合も名簿の順に当選が決まっていくのだが、ここであえて順位をつけずに全員同じ順位（たとえば全員1位など）で名簿を提出することもできる。その場合は**惜敗率**という落選の惜しさの度合いを数値化した指標によって復活当選の順番を決めることになる。

3-2　参議院の選挙制度

参議院は全体としてみると選挙区（定数148）、比例代表（定数100）の並立制となっているが、3年ごとに議席の半分ずつを改選するので、実際の参議院議員選挙では選挙区74人、比例代表50人を選ぶことになる。選挙区は、かつては都道府県を１選挙区として、人口に応じて１人から５人まで議席を割り当てていたが、地方に有利となる一票の格差を是正する目的から、2015年に鳥取県・島根県、および徳島県・高知県をそれぞれ併合し、合区とする選挙制度改革がおこなわれ、2016年の参院選からこの方式での選挙が実施された。投票については衆議院と同様、選挙区で一票、比例代表で一票を投じる。

参院選では、衆議院とは異なり選挙区と比例代表の重複立候補はできない。また、比例代表は全国を１ブロックとする方式を採用しており、さらに比例代表制は**非拘束名簿式**とよばれるしくみをとっている。このしくみでは、有権者は政党名を書いて投票するか、その政党の名簿にある候補者の名前を書いて投票するかのどちらかを選択することができる。名簿にある候補者名を書いて投票した票は、いったんはその所属する政党の得票として数えられる。そして各政党の議席配分が終わったら、今度は各候補者をそれぞれが個人名での得票に基づき順位づけし、当選者を確定する。

2018年の公職選挙法の改正によって新たに特定枠という制度ができた。これは、非拘束の候補者よりも上位に記載される候補者を認めるという制度であり、特定枠で立候補すると当選順位がその他候補者よりも優先されることになる。この制度を使うか、また何人を特定枠から立候補させるのかは各党の裁量にゆだねられており、初めてこの制度が適用された2019年の参議院選挙では、自民党とれいわ新選組が２名ずつを特定枠から立候補させた。

3-3　実際に投票所にいってみよう

それではみなさんが実際に選挙に投票する際の手順をここで解説しておこう。ここでは衆院選での投票方法を事例とする。まず、投票日の１～２週間前にみなさんの手もとに**投票所入場整理券**と書かれたはがきが届く。このはがきには、選挙の種別や日時、そして投票所の場所などについて明記されている。投票所は近所の小学校や公民館などが一般的である。ただし、このはがきは住民票を置いている市町村から発送されるので、実家から現住所へ住民票を移していない下宿生は実家に届くことになる。

ここからは図8-2を用いて選挙当日の手順を解説する。まず、はがきを持って指定された投票所へ向かう。①投票所の受付でこのはがきを渡すと、名前の確認がおこなわれた後、②まず小選挙区選挙（参院選の時は選挙区選挙）の投票用紙が渡される。そして、③投票所に設置されている記入台でこの用紙に候補者の氏名を記入する。その選挙区の候補者一覧は記入台に掲示されているので前もって覚えておく必要はない。記入が済んだら投票用紙を折りたたみ、④小選挙区選挙の投票箱に投票しよう。

図8−2　投票所の一例

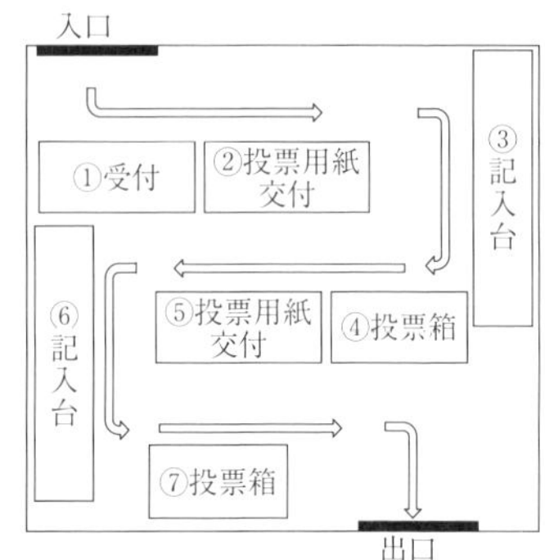

つぎに、⑤比例代表選挙の投票用紙が渡されるので、⑥今度も記入台に掲示されている政党一覧を参考に自分が投票したい政党名を記入し、これも折りたたんで⑦比例代表選挙の投票箱に投票する。なお、すでに説明したとおり、参院選の場合はこの比例代表選挙の際に政党名でも選挙人名簿にある候補者の個人名でもどちらを記入してもよいことになっている。

これで投票は終了である。衆院選では10年に１度、最高裁判所裁判官の**国民審査**とよばれる投票があるので、比例代表選挙のあとに第３の投票用紙が渡されることがあるが、それでも受付から投票終了まで所要時間は10分もかからない。ぜひ政治に関心をもち選挙で投票してもらいたい。とくに近年は若い世代を中心に投票率の低下が大きな問題となっているので、それがどのような問題を引き起こすのかを最後に説明したい。

4　日本の選挙の問題点

近年、日本では国政選挙、地方選挙を問わず投票率の低下が問題視されている。総理大臣の選択と直結する衆院選は、戦後常に70％前後の高い投票率を記録してきたが、1996年の第41回総選挙ではじめて60％を下回った。その後も2003年（第43回）と2012年（第46回）に59％台を記録したが、2014年の第

図8－3　第47回衆議院議員総選挙の年代別投票率と投票者の概数

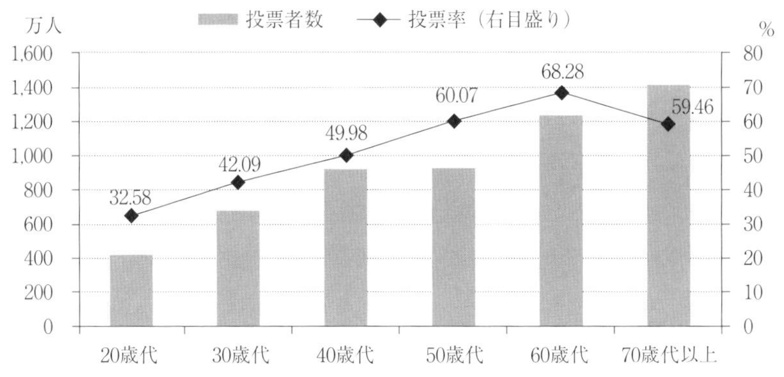

出典：総務省データに基づき作成

47回総選挙では戦後最低の52.66％にまで低下した。参院選も同様で、1995年には44.52％と戦後最低の投票率を記録、それ以降も50％台の投票率となっている。低投票率の理由として、政治への無関心や「誰が当選しても政治は変わらない」といったあきらめが年々増加していることがあげられる。

これを年代別にみると、若い世代の投票率の低さがとくに際立っている。総務省のデータによると、2014年の衆院選において全体の投票率が52.66％であったのに対し、20歳代の投票率は32.58％であった。他方、もっとも投票率が高かった60歳代は68.28％であったため、この両者のあいだには2倍を超える差が生じた。しかも日本では少子高齢化が進んでいるため、20歳代に比べ60歳代の人口の方が多い。それを勘案すると、投票者数では実に3倍の開きが生まれているのである（図8－3）。

今後も高齢者の増加が見込まれるなかで現在のような若い世代の低投票率が続くと、実際の投票に占める高齢者票の割合はますます高まり、政治における高齢者の存在感と影響力は一層増加することになるだろう。

かつて、アメリカの社会学者S. プレストンは、「高齢化社会では政界の関心が多数派の高齢者に向かう」と述べた。彼の言うように、現在の日本のような状況において政治が高齢者に不人気の政策を実施することはなかなか勇気がいることであろう。そうなると、負担やツケがのしかかる若者や現役世代にとっては不利な社会となる。この高齢者有利の**シルバー民主主義**の下では、医療や年金、介護などの社会保障に関わる負担増を嫌う高齢者に配慮し、政治が財政再建を先延ばしにする傾向が強い。

さらに考えてみよう

こうした世代間の不公平をなくすために、そして何より自分自身の利益のために、やはり若い世代が政治に関心をもつことは大切ではないだろうか。そのようななか、より多くの若者の声を政治に反映させるため、選挙権年齢を20歳以上から18歳以上に引き下げる改正公職選挙法が2015年に成立した。参政権が拡大されるのは、男女平等普通選挙が実現した1945年以来、70年ぶりのことであった。そして、「18歳選挙権」後の最初の国政選挙となった2016年の参院選では、新たに選挙権を得た10歳代の投票率は46.78%を記録したが、これは全体の54.70%よりは低いものの、20歳代（35.60%）と30歳代（44.24%）を上回った。

とはいえ、選挙権年齢が引き下げられた最初の選挙ということでメディアや教育現場において盛んに周知がおこなわれたにもかかわらず、10歳代有権者の2人に1人以上が投票にいかなかったことになる。少子高齢化のさらなる進行が見込まれるなか、若い世代の低投票率が続くようだと政治における高齢者の存在感はさらに高まる。今後、選挙における世代間の格差がこの国の政治にどのような影響を与えるのか、私たちはしっかりと考えなければならない。

Questions

1. 一票の格差の問題を解消するためには、有権者数がほぼ同じになるよう日本全国の選挙区の区割りを変えれば良いのだが、そうなると地方の議席がいまよりもかなり減少することとなる。これには「地方の切り捨てになる」との批判が根強い。一票の格差を解消するにはどのようにすれば良いだろうか。
2. 小選挙区制と比例代表制のどちらがいまの日本にとって望ましい選挙制度だろうか。

3. 若い世代の声を政治に反映させるためには、まずは投票に足を運ぶ若者の数が増えることが必須だが、たとえそれが叶ったとしても、人口のうえでは高齢者世代に太刀打ちできない。では、投票率を高める以外に何か良い方策はないだろうか。

読書案内

日本の選挙制度の変遷を知りたい人は、加藤秀次郎『**日本の選挙——何を変えれば政治が変わるのか**』（中公新書、2003年）をまず読んでみよう。選挙制度の背後にある理念や思想まで手堅く解説しており、新書ながら読み応えがある。また、ネット選挙の可能性については、岡本哲和『**日本のネット選挙——黎明期から18歳選挙権時代まで**』（法律文化社、2017年）などを薦めたい。

ネット選挙

政府·政党·政治家は、ホームページやブログを通じて、またフェイスブックやツイッターなどを通じて、私たちに多くの情報を発信している。インターネットは政治に大きな影響を与えているのである。

このような状況の下、2013年7月の参議院議員選挙から、公職選挙法の改正によって、インターネットを利用した選挙運動、いわゆる「**ネット選挙**」が解禁された。政党・候補者は、選挙期間において、ホームページやフェイスブック、SNS、動画共有サービスなどを活用して、街頭演説の日時と場所を有権者に案内することが可能となったのである。そのほかにも、たとえば、政党・候補者は、メールなどを発信することにより、自らへの投票を呼びかけることもできる（これに対して有権者は、匿名でないかぎり、ホームページやフェイスブックなどで、自らが応援する候補者への投票の呼びかけをおこなうことができる）。

ネット選挙は、政党·候補者と有権者とのコミュニケーションを活発にしている。ネット選挙は民主主義を活性化させているといえよう。しかし、問題がないわけではない。たとえば、ライバルの政党・候補者を誹謗中傷したり、虚偽の情報を流したりして、選挙の結果に大きな影響を与える危険性がある。

なお、ネット選挙とは、インターネットを通じて投票する、ということではない。つまり、ネット選挙＝ネット投票ではない。勘違いしやすいので、気をつけておこう。

9章 世論とマス・メディア

この章で学ぶこと

私たちは、ニュース番組などで「世論」という言葉を聞くことがある。この世論というのは、一体、どのようなものなのだろうか。まず、この章では、世論とは何かについて確認することからはじめよう。つぎに、世論の形成に影響を与えている「マス・メディア」とは何かを考える。そのうえで、世論とマス・メディアとの関係がいかなるものかを学ぶことにしよう。私たちは、「政治家たちは、自分たちの意見や考えに耳を傾けない」と思っていないだろうか。しかし、世論とマス・メディアの関係を学ぶことで、「政治家たちは、実は自分たちの意見や考えにとても耳を傾けている」ということを知るはずである。

1　世論とは何か

1-1　世　論

世論（public opinion）とは、国民の代表的な意見のことである。ここで注意しなければならないのは、世論は公共のことがらに関する意見である、という点だ。たとえば、内閣への支持をめぐる意見（内閣を支持するか、支持しないか）、消費税率をめぐる意見（税率を引き上げるべきか、引き下げるべきか）、原発のあり方をめぐる意見（原発を推進するか、「原発ゼロ」にするか）といった例があげられる。

それでは、プロ野球の阪神・巨人戦で、「阪神を応援するか、それとも巨人を応援するか」という問いとそれに対する意見は、はたして世論といえるのだろうか。答えは、世論ではない、となる。なぜなら、そのような意見は、私的なことがらに関することだからである。世論は、あくまで公共のことがらに関する国民の代表的意見であるということを覚えておこう。

「民主政（民主主義の政体）は世論の政治」といわれている。民主主義の国は世論を大切にしなければならない、という意味だ。民主主義は、**5**章で学んだように、主権は国民にあり、また国民の意見を取り入れて政治をおこなうことを原理としている。そして、国民の意見のなかでも代表的な意見が世論である。したがって、民主主義の国は世論を重視しなければならない、ということになるのだ。

1-2　世論調査

政府・政党・政治家は世論をとても気にしている。具体的には、**世論調査**（もしくは意識調査ともいう）を強く意識している。世論調査とは、無作為に人びとを選んで、政府・政党・候補者や公共の争点・政策に対する世論の動向を調べるものである。ここで、消費税率の引き上げを例に考えてみよう。たとえば、政府は消費税率を20％にしたいと考えていると仮定する。しかし政府は、世論調査によって、国民の80％が反対の意見で占めていることがわかれば、消

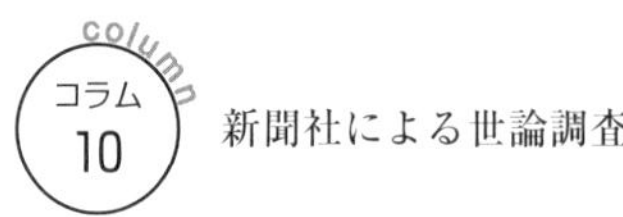

コラム10 新聞社による世論調査

実際の世論調査では、どのような質問と回答がなされているのだろうか。ここで、大手新聞社による世論調査をみてみよう（以下、朝日新聞は2013年11月12日付、産経新聞は2013年11月19日付、毎日新聞は2013年11月12日付）。

まず、「安倍内閣を支持しますか。支持しませんか。」との質問について、「支持する」との回答は、朝日新聞では53.0%、産経新聞では56.7%、毎日新聞では54.0%を占めている。どの新聞社もほぼ同じ数字を出していることがわかる（世論の約54.0%が安倍内閣を支持するということ）。

〈質問1〉安倍内閣を支持しますか。支持しませんか。

新聞社	支持する	支持しない
朝日新聞	53.0%	25.0%
産経新聞	56.7%	25.3%
毎日新聞	54.0%	26.0%

つぎに、「小泉元首相による「原発ゼロ」を支持しますか。支持しませんか。」との質問では、「支持する」と回答したのは、朝日新聞では60.0%、産経新聞では57.0%、毎日新聞では55.0%となっている。ここでも、どの新聞社もほぼ同じ数字を出していることがわかる（世論の約57.0%が小泉元首相による「原発ゼロ」を支持するということ）。

〈質問2〉小泉元首相による「原発ゼロ」を支持しますか。支持しませんか。

新聞社	支持する	支持しない
朝日新聞	60.0%	25.0%
産経新聞	57.0%	35.1%
毎日新聞	55.0%	34.0%

ところが、「特定秘密保護法案に賛成ですか（必要だと思いますか）。反対ですか（必要だと思わないですか）。」という質問については、朝日新聞では30.0%、産経新聞では59.2%、毎日新聞では29.0%が賛成となっている。つまり、新聞社によって、数字が異なっているのである（朝日新聞と毎日新聞によれば賛成はわずか約30.0%にすぎないが、産経新聞では賛成がなんと約60.0%も占めている、ということ）。

〈質問３〉特定秘密保護法案に賛成ですか。反対ですか。

新聞社	賛成	反対
朝日新聞	30.0%	42.0%
産経新聞	59.2%	27.9%
毎日新聞	29.0%	59.0%

このように、同じ質問をしているにもかかわらず、なぜ新聞社によって異なる数字が出てくるのだろうか。みんなで話し合ってみよう。

費税率を20%にすることはむずかしいであろう。というのは、もし消費税率を20%にしたのであれば、政府への国民の支持率は低下し、その結果として、つぎの選挙で負けることになるかもしれないからである。世論は法案の成立に大きな影響を与えるのである。

2　マス・メディアとは何か

世論の形成に大きな影響を与えるのが**マス・メディア**である。マス・メディアとは、大量伝達媒体のことで、新聞・テレビ・ラジオ・映画などをさす。マス・メディアの特徴は、不特定多数の人に同じ内容の情報を伝達することができる、という点にある。

2-1　第四の権力

マス・メディアが政治の情報を発信すること、それは国民に政治に関する判断や意見を考えるための情報を提供することにほかならない。そのため、マス・メディアは世論を形成することができるのだ。このようなことから、マス・メディアは、政治に大きな影響を与えるため、**第四の権力**ともよばれている。「第四」とは、立法・行政・司法に次ぐ「四番目」の権力という意味である。

マス・メディアには大きな問題点がある。情報の送り手は、マス・メディアを通じて、情報を一方的に受け手に伝達する。したがって、権力者は、情報の送り手となって、マス・メディアを悪用することで、自分に都合の良い情報だけを伝えたり、あるいは悪い情報を隠したりして、世論を操作することができるのである。

2-2　メディア・リテラシーと知る権利

そこで、私たちのような情報の受け手にとって、権力者による恣意的な世論操作を見抜くためには、以下の２点が重要となる。第１に、情報を批判的に考えるという**メディア・リテラシー**である。リテラシーとは「読み書きの能力」を意味する。メディア・リテラシーは、伝達されてくる情報が、送り手の都合に良いものなのか悪いものなのかを判断する際に必要となる。第２に、必要な公共機関の情報を知ることができるという**知る権利**である。これは、情報の送り手が、自分の都合の良い情報ばかりを伝達していないかどうか、もしくは、自分に都合の悪い情報を隠しているのではないかを見抜くために重要となる。

3　世論とマス・メディアの関係

それでは、マス・メディアは世論の形成にどのくらい影響を与えるのだろうか。この点については主に４つの説がある。

3-1　強力効果説

まず、**強力効果説**である。これは皮下注射モデルもしくは即効薬理論ともよばれている。この強力効果説は、マス・メディアが世論に強力な影響を与えると主張するもので、主に1930年代の状況をもとにして唱えられた説である。たとえば、A. ヒトラーが、マス・メディアを活用しながら大衆の心理に訴えかけて、国民を戦争へと駆り立てたことは有名である。なお、情報操作による大規模な政治宣伝や扇動を**プロパガンダ**という。

3-2　限定効果説

２つ目は**限定効果説**とよばれているものである。さきほどの強力効果説は、

アナウンスメント効果

ニュース番組などのメディアは、選挙の結果を大きく左右すると考えられている。その１つの例として、**アナウンスメント効果**というのがある。これは、選挙戦において、どの政党が有利なのか、あるいは、どの候補者が有利なのかをメディアが予測報道することで、有権者の投票行動に影響を与えるというものである。

アナウンスメント効果には、バンドワゴン効果とアンダードッグ効果という２つの種類がある。まず、**バンドワゴン効果**（bandwagon、「勝ち馬」という意味）とは、（1）メディアは、ある候補者・政党が選挙戦で有利な状況にあると予測報道する、（2）有権者は、それを知って、有利な状況にある候補者・政党に票を投じる、（3）その結果、有利な状況にあった候補者・政党は大差をつけて選挙に勝利する、というものである。

これに対して、**アンダードッグ効果**（underdog、「負け犬」という意味）とは、（1）メディアは、ある候補者・政党が選挙戦で有利な状況にあると予測報道する、（2）有権者は、それを知って、別の候補者・政党に票を投じる、（3）その結果、有利な状況にあった候補者・政党は、あまり票が伸びなくても選挙で勝利する、というものである。

興味深いのは、バンドワゴン効果であれ、アンダードッグ効果であれ、有権者は自らの投票が無駄となること、すなわち**死票**となることを避けるために行動している、という点である。バンドワゴンの場合、有権者は、負けそうな候補者・政党に投票することは無駄になるので、勝ちそうな候補者・政党に投票する。アンダードッグ効果の場合では、有権者は、一番応援している候補者・政党が当選するということがわかれば、自分自身が投票しなくても当選するので、つまり自分自身の票が無駄になるので、その代わりに、二番目に応援している候補者・政党に投票するのである（これを**戦略投票**という）。

バンドワゴン効果とアンダードッグ効果は、メディアが有権者の投票行動に影響を与えている、ということを示している。同時に、有権者は、死票を回避するために合理的行動をとっている、ということも示しているのである。

メディアが世論に「直接」的に影響を与えると主張するものであった。これに対して限定効果説は、メディアが世論に「間接」的に影響を与える、と主張するものである。限定効果説の例として、オピニオン・リーダー（身近にいる人で、政治に詳しい人）の存在とその影響がある。そもそも、世のなかの人たち全員が、政治のニュースに常日頃から関心をもっているわけではない。しかしながら、そのような人たちでも、オピニオン・リーダーを通じて、政治のニュースに関心をもつようになり、また政治そのものに興味を抱くこともあるのだ。これを、消費税率を例に考えてみよう。

政府は消費税率を20％にしたいと考えていると仮定する。あなたは、もともと消費税率を引き上げることには反対であった。なぜなら、いつも買っているペットボトルのお茶の値段が高くなるからである。しかしながら、消費税率を20％にする理由は、その引き上げた分を社会保障に割り当てるためである、とマス・メディアが報道する。あなたは、オピニオン・リーダーからこの情報を得た場合、消費税率の引き上げに賛成するかもしれない。私たちは、オピニオン・リーダーを通じて、マス・メディアが伝達する情報に間接的な影響を受けるかもしれないのである。

3−3　議題設定機能説

3つ目は、いわば強力効果説と限定効果説の中間に位置するもので（それゆえ中効果モデルともいう）、**議題設定機能説**とよばれているものである。これは、政府・政党・政治家が取りあげた議題よりも、メディアが取りあげた議題の方に、有権者は関心を強く抱くという主張である。

ここで、議題設定機能説をさらに理解するために、消費税率を例に考えてみよう。政府は、消費税率を20％にしたいため、消費税率を議題にしたいと考えていると仮定する。しかしながら、ニュース番組が、消費税率ではなく道州制を特集したとする。そうすると、情報の受け手である私たちは、政治の議題として、消費税率よりも道州制の方に強い関心を抱くかもしれないのである。

3−4　新強力効果説

4つ目は**新強力効果説**とよばれるものである。これは、認知心理学に基づくもので、フレーミング効果とプライミング効果という2つの効果がある。

まず、**フレーミング効果**（framing、認識上の「枠組みをつくる」という意味）である。これは、政治の現状や問題を取りあげる視点や文脈によって、情報の受

世論とSNS

Facebook やTwitterといったSNS（ソーシャル・ネットワーキング・サービス）は、政治にどのような影響を与えるのだろうか。また、SNSと世論は、どのような関係にあるのだろうか。ここでは、2020年5月に安倍政権によって見送られた検察庁法改正案を事例に、考えてみよう。

検察庁法改正案では、検察官の定年を63歳から65歳に引き上げることを規定していた。高齢者の定義を65歳から75歳以上に変更することが提案されている今日、定年の引き上げ自体は問題ない。しかし他方で、特例の規定として、内閣が必要と判断した場合に、検事総長や検事長といった幹部の定年を最長で3年延長できるという内容を設けていた。そのため、検事総長や検事長といった幹部は、内閣から定年延長を認めてもらうために、内閣に忖度する可能性があった。つまり、改正案は、検察と政治の距離が近くなることから、検察の独立性をおびやかす危険性があったのである。

この改正案について、元検事総長といった検察OBたちは、改正案への反対の意見を法務省に相次いで提出した。また、著名人たちも、「#検察庁法改正案に抗議します」というハッシュタグをつけて、Twitterで改正案を批判した。この著名人たちによるツイートは、多くの支持を得て急速に拡散したため、政府・与党も無視できない状況に追い込まれた。

このように、SNSは政治に大きな影響を与えうる。しかし、SNSでの意見や見解は、はたして「世論」といえるのだろうか。その答えは、否、である。SNSでの意見や見解は、あくまでSNS上で盛り上がっているものであって、国民の代表的な意見・見解とはいえないからである。私たちは、SNS上で自らの意見や見解を述べないという人たちもいる、という点を忘れてはならないであろう。

け手は異なる理解・評価をするという主張である。たとえば、政府が社会保障のために消費税率を20%にしたいと考えていると仮定する。しかし、ニュース番組が、「政府は低所得の人びとに対する影響をあまり考慮していない」というネガティブな情報を伝達したとする。すると、情報の受け手は、消費税率を20%にすることに反対の意見をもつかもしれない。だが、ニュース番組が、「政府は、高齢者への社会保障を充実させるために、消費税率を引き上げようとしている」というポジティブな情報を伝達したとする。そうなると、情報の受け手は、消費税率を20%にすることに賛成するかもしれないのである。

つぎに、**プライミング効果**（priming、情報を与えることで認識を「刺激する」という意味）である。これは、マス・メディアが特定の問題を何度も取りあげることで、情報の受け手が、取りあげられたその特定の問題が重要であると考えるようになる、という主張である。たとえば、2005年の衆議院議員総選挙における郵政民営化の事例があげられよう。当時、小泉純一郎首相は、郵政民営化をおこなうために衆議院を解散させ、総選挙をおこなうことで、国民の信任を問うた。そして、マス・メディアは小泉首相と郵政民営化を重点的に取りあげた。その結果、国民は、郵政民営化を重要な問題であると認識して、投票をおこなったのである。

最後に、もう１つの新強力効果説を紹介しておこう。それは**沈黙の螺旋（らせん）効果説**とよばれているものである。これは、マス・メディアを通じて、多数派の意見がますます強くなっていくという主張である。沈黙の螺旋とは、自らの意見が少数派の意見であるとわかったときに沈黙してしまい、その結果として、多数派の意見がますます強くなっていく状況をさす。すなわち、「長いものには巻かれろ」ともいうべき状況といえよう。

さらに考えてみよう

ここまで、世論とは何か、マス・メディアとは何か、世論とマス・メディアの関係とは何かをみてきた。世論は国民の代表的な意見である。民主主義は、国民の意見を尊重するため、世論を大切しなければならない。この世論の形成に大きな影響力をもっているのがマス・メディアである。政府・政党・政治家は、マス・メディアを通じて、国民に大きな影響を与える。しかしながら国民もまた、マス・メディアを通じて、政府・政党・政治家に大きな影響を与える。なぜなら、国民は、マス・メディアを通じて、政府・政党・政治家に自分たちの意見や考えを世論として示すことができるからである。世論はマス・メディアを通じて政治を変えうるといえるのではないだろうか。

Questions

1. なぜ民主主義の国は世論を大切にしなければならないのだろうか。その理由について、みんなで話し合ってみよう。
2. 世論調査にはどのようなものがあるだろうか。調べてみよう。
3. 政治におけるマス・メディアの意義と問題点を整理してみよう。

読書案内

日本の政治家とマス・メディアの相互作用について知りたい方は、大嶽秀夫『**日本型ポピュリズム——政治への期待と幻滅**』（中公新書、2003年）と逢坂巌『**日本政治とメディア——テレビの登場からネット時代まで**』（中公新書、2014年）を読むことからはじめよう。日本の政党とマス・メディアについては、小栗泉『**選挙報道——メディアが支持政党を明らかにする日**』（中公新書ラクレ、2009年）、鈴木哲夫『**政党が操る選挙報道**』（集英社新書、2007年）、菅原琢『**世論の曲解——なぜ自民党は大敗したのか**』（光文社新書、2009年）などがある。インターネットが政治にどのような影響を与えるかについては、津田大介『**ウェブで政治を動かす！**』（朝日新書、2012年）、福田直子『**デジタル・ポピュリズム——操作される世論と民主主義**』（集英社新書、2018年）がある。最後に、世論調査については、岩本裕『**世論調査とは何だろうか**』（岩波新書、2015年）、三春充希『**武器としての世論調査**』（ちくま新書、2019年）がある。

10章 国会と立法

この章で学ぶこと

本章では、国会がどのような役割を果たしているのかを考えていく。国会は、どのような組織となっており、どのような権限をもっているのだろうか。また、国会議員には、どのような権限が与えられているのだろうか。このような国会の地位、組織、権限について考えていくことにしよう。

1　国会の地位

国会は、日本国憲法において「国権の最高機関である」と規定されている。日本では、三権分立を採用しているので、立法府（国会）が、行政府（内閣）や司法府（裁判所）に比べて優越した権限をもつわけではない。それでは、国会が最高機関とされるのは、なぜであろうか。それは、国民が選出した代表者からなる唯一の機関が、国会だからである。

2　国会の組織

国会は、国民を代表する議員から組織される。議員の任期と定員は、衆議院が４年・465人である。ただし、**衆議院**が解散された場合には、議員は任期の途中でも辞めなければならない。**参議院**は、任期６年・定員245人（2022年から248人）である。参議院は、衆議院とは違って解散がなく、議員が任期の途中で辞めることは一般的でない。参議院は、３年ごとに議員の半数が選ばれる。

衆議院と参議院には、各院のすべての議員からなる**本会議**と、一部の議員からなる**委員会**がある。委員会には、常任委員会と特別委員会がある。現在、常任委員会は、衆議院と参議院に17の委員会があり、すべての議員は、いずれかの常任委員会に所属している（**表10-1**）。

代表的な常任委員会には、以下のものがある。（1）予算委員会。予算（国の収入と支出の見積もり）は、政府のあらゆる施策に関わるので、予算委員会では、政策について全般的に検討される。また、予算委員会では、政治に関わる不正事件や不祥事が発覚した場合、参考人招致や証人喚問がおこなわれることもある。（2）国家基本政策委員会。国家基本政策委員会では、与野党の党首が、国家の基本政策について討論を行う（党首討論）。これは、イギリス議会における「クエスチョン・タイム」にならって、国会審議を活性化させるために導入された。（3）議院運営委員会。議院運営委員会は、本会議の日程、議事の順序、発言者と発言時間といった議会の運営について調整する。しかし、このような

表10−1　国会の組織と委員会

	衆議院	参議院
議員数	465人（選挙区289、比例区176）	245人（選挙区147、比例区98） (2022年から248人（選挙区148、比例区100）)
任期	4年（解散した場合には失職する）	6年（3年ごとに半数改選）
内閣不信任決議	あり	なし
解散	あり	なし
選挙権	18歳以上	18歳以上
被選挙権	25歳以上	30歳以上
組織	議長／副議長 本会議 委員会（常任委員会／特別委員会） 法制局 事務局	議長／副議長 本会議 委員会（常任委員会／特別委員会） 法制局 事務局
両院の組織	国立国会図書館、裁判官訴追委員会、弾劾裁判所、両院協議会	
常任委員会	内閣、総務、法務、外務、財政金融、文部科学、厚生労働、農林水産、経済産業、国土交通、環境、安全保障、国家基本政策、予算、決算行政監視、議院運営、懲罰	内閣、総務、法務、外交防衛、財政金融、文教科学、厚生労働、農林水産、経済産業、国土交通、環境、国家基本政策、予算、決算、行政監視、議院運営、懲罰

調整は、各政党の国会対策委員会（国対）に所属する委員が、非公式の場で決めていることが多い（国対政治）。

国会は、衆議院と参議院からなる**二院制**を採用している。一方、1つの議院からなる議会は、一院制といわれる。二院制は、一院制と比較すると、以下のようなメリットがある。(1) 多様な意見を反映できる。(2) 慎重に審議できる。(3) 一院が機能しない場合に、他院が立法機能を補完できる。しかし、デメリットもある。(1) 両議院が意思を統一するのに、時間がかかる。(2) 法律を策定するプロセスが、複雑で非効率になる。(3) 政府や第一院が、第二院を軽視する場合には、二院制の有効性が問われることにもなる。

戦後まもなく、参議院では多数派であった無所属議員が、緑風会という会派を設立し、「良識の府」として、中立で公正な立場から審議をおこなっていた。しかし、参議院でも政党化が進み、衆議院との違いがあいまいになった。そのため、参議院は、衆議院の「カーボンコピー」だといわれ、参議院不要論が登場することにもなった。最近では、衆議院の多数派と、参議院の多数派が異なる「ねじれ国会」が起きたこともあって、参議院の重みが増してきている。

3　国会の種類

国会には、通常国会（常会）、臨時国会（臨時会）、特別国会（特別会）、参議院の緊急集会の区別がある（表10-2）。通常国会は、次年度の予算案や重要法案などを審議するために、毎年1回1月に召集される。通常国会の会期は150日間、会期の延長は1回認められる。会期の延長をめぐって、与党と野党が駆け引きをおこなうことがよくみられる。

臨時国会は、内閣が必要と認めた場合、いずれかの議院の総議員の4分の1以上の要求があった場合に、内閣が召集を決める。補正予算と重要法案を審議するために、秋に召集されることが多い。また、臨時国会は、任期満了にともなう衆議院議員総選挙（戦後に1回のみ）と参議院議員通常選挙から30日以内に召集される。

特別国会は、衆議院の解散にともなう総選挙から30日以内に召集される。そのため、特別国会は、内閣総理大臣を指名することが主要な目的となる。

参議院の特別集会は、衆議院解散中に、内閣が緊急の必要があると判断した場合に召集される。ここで決定した事項は、特別国会開会後10日以内に、衆議院の同意を得なければならない。

4　国会の権限

4-1　立法に関する権限

国会は、国の唯一の立法機関である。これは、法律をつくることができるのは、国会にかぎられるということを意味する。

国会に法律案を出せるのは、議員、内閣、委員会である。議員立法（衆法／参法）の場合、衆議院では議員20人以上、参議院では議員10人以上の賛成が

表10-2　国会の種類

種類	憲法	召集の回数・時期・方法	会期	主要な議題
通常国会（常会）	52条	毎年1回、1月中に召集される。	150日間 延長は1回まで	次年度予算と関連法案の審議など
臨時国会（臨時会）	53条	内閣は臨時国会を召集できる。衆議院・参議院のいずれかの総議員の4分の1の要求により召集することもできる。	両議院一致の議決。不一致の場合、衆院の議決が優先。延長は2回まで	補正予算の審議など
特別国会（特別会）	54条1	衆議院解散による総選挙から30日以内に召集される。	同上	内閣総理大臣の指名など
参議院の緊急集会	54条2	衆議院解散中に緊急の必要がある場合に、内閣は参議院の緊急集会を求めることができる。	不定	緊急の案件

必要である。ただし、予算が必要な法案を出す場合、衆議院では50人以上、参議院では20人以上の賛成が必要になる。これには、議員が有権者受けする法律案を乱発することを防ぐ効果がある。ただし、少数政党が、法律案を出せなくなり、少数意見を尊重できなくなるという問題もある。閣法（内閣による提案）の場合、憲法の規定により、内閣総理大臣が内閣を代表して、法律案を国会に出すことができる。

このように提出された法律案は、衆議院と参議院のいずれの議院から審議してもよい（予算案は、衆議院が先に審議する）。現代の日本では、イギリスの本会議中心主義（読会制）ではなく、アメリカと同じく、委員会中心主義（委員会制）を採用している。そのため、法律案を実質的に検討するのは委員会であり、本会議の審議は形式的なものである。

ここでは、法律案が、衆議院に出された場合を考えてみよう。まず、衆議院議長が、法律案を委員会に送る。委員会では、趣旨説明、質疑、討論がおこなわれ、公聴会（法律案に関する利害関係者や学識経験者からの意見を聞く会合）が開催され、最後に委員会で採択される。本会議では、委員長からの報告、質疑、討論がおこなわれて、採択される。法律案が可決された場合には、参議院議長に送られて、衆議院と同じく、委員会の審議と採択、本会議の審議と採択を経

図10-1　国会での立法過程（衆議院先議の場合、修正案採択の場合を除く）

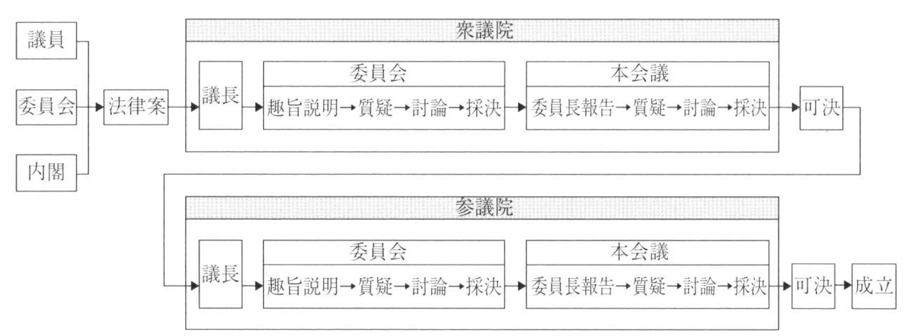

て、法律が成立する。参議院議長から内閣を経由し、天皇が法律を公布する（図10-1）。

国会の運営規則によれば、会期不継続の原則があるので、会期内に十分に審議できなかった法案は、一般に廃案になる。与野党が継続審議に合意できれば、つぎの会期に議論を再開できる。そうでなければ、つぎの会期にあらためて法案を出さなければいけない。そこで、野党は、反対する法案の採択を遅らせて、廃案に追い込もうとする。

野党は、法案が委員会に送られる前に、本会議での趣旨説明を求めたり（つるし）、法案を乱発して、野党提出法案を先立って審議するように要求したりする（枕法案）。また、野党は、委員会や本会議での議事の方法について、異議を述べて審議を止め、審議の不当性を訴えて、審議を拒否することもある。以前は、野党が反対する法案が採択されるときに、野党が投票に延々と時間をかける牛歩戦術を取ることもあった。

一方、与党は、会期がかぎられているので、法案の成立を急ごうとする。与党は、野党の審議拒否に対して、単独審議で対抗し、審議時間を十分にとったと判断した場合には、強行採決をすることもある。本来であれば、法案の審議を尽くすべきであるが、このような国会審議の形骸化が問題になっている。

4-2　行政に対する権限

日本では、**議院内閣制**を採用しているので、国会が内閣を組織し、内閣は国会に対して責任を負う。国会は、内閣を組織できるので、国会議員のなかから内閣総理大臣を指名し、内閣総理大臣に内閣を組織させる。内閣は、国会に対して責任を負うので、衆議院が**不信任決議案**を可決した場合（信任案を否決した場合）、内閣は、国会の信任を失ったことになるので、総辞職するか、衆議院を解散しなければならない。なお、内閣は、議決から10日以内に、衆議院を解散しない場合には、総辞職しなければならないとされる。

国会には、内閣の行政活動を調査する権利がある（**国政調査権**）。両議院は、内閣に報告や資料を提出するように要求できるほか、参考人招致や証人喚問をおこなうことができる。**参考人招致**とは、調査に必要な情報を得るために、情報をもっている人物を参考人として招いて意見を聞くことである。一方、**証人喚問**とは、調査に必要な証言を得るために、証人を呼び出して問いただすことである。証人喚問では、証人に出頭する義務があり、出頭を拒否したり、虚偽の証言をしたりすると、罰則が適用される。

国会は、内閣による行政活動について説明を求めるために、内閣総理大臣や他の国務大臣に対して、国会で答弁し、説明するように、国会への出席を求めることもできる。また、国会には、内閣が諸外国と締結した条約を承認する権限がある。

4-3　財政に対する権限

国会には、すべての国の収入と支出、その他の国有財産の権利について議決する権限がある（財政民主主義）。これは、国民や国会の承認なしに、内閣が予算を執行することを防ぐためである。財政民主主義を実現するために、国会には、内閣が提出した予算案を議決する権限があり（予算審議議決権）、税金の新設や変更は、法律に基づかなければならないとされる（租税法定主義）。また、内閣は、会計検査院での検査を受けたのち、決算を国会に提出し、国会の審議を受けなければならない。

4-4　司法に対する権限

国会には、**弾劾裁判所**を設ける権限がある。一般に、裁判官は身分が保障されており、罷免されることはない。しかし、裁判官が、職務上の義務を著しく違反した場合、職務をはなはだしく怠った場合、裁判官の威信を著しく失う非行があった場合には、国会に設けられた訴追委員会が、弾劾裁判の開催を決め、弾劾裁判所は裁判官を罷免できる。これまでに7人の裁判官が辞めている。たとえば、首相への偽電話、弁護士からの背広やゴルフセットの収賄、児童買春行為、ストーカー行為などが理由である。

4-5　議院の自律的権限

衆議院と参議院には、衆議院規則と参議院規則を設けて、院内の手続きや規律を決めることができる。これらの手続きや規律に基づいて、両議院は、院内の秩序を乱した議員を懲罰することもできる。もっとも重い懲罰は、議員の除名である。各議院の出席議員の3分の2以上の賛成によって、議員は地位を失う。これまでに除名された議員は、衆参各1人にかぎられる。

4-6　憲法改正の発議権

国会は、両議院における総議員の3分の2以上の賛成により、憲法改正案を発議することができる。発議とは、憲法改正案を国民に提案するという意味である。憲法を改正するためには、**国民投票**をおこない、投票総数の過半数の賛成が必要になる。

5　衆議院の優越

衆議院の優越とは、衆議院が参議院に比べて、より強い権限をもつ場合をいう。衆議院の優越が認められるのは、以下の5つの場合である。

(1) 法律案を議決する場合。たとえば、衆議院が法律案を可決しても、参議院が否決した場合、一般に法案は廃案になる。しかし、衆議院の出席議員の3分の2以上の多数で、再度可決すれば、法律として成立する。

(2) 予算案を審議する場合。法律案は、衆議院と参議院のどちらが先に質疑してもよい。しかし、予算案は、衆議院で先に質疑することになっている。

表10-3　国会の権限

権限		憲法	内容
立法に関する権限	立法権	41条	国会は、国の唯一の立法機関である。
	法律案の議決権	59条	国会は、両議院で可決した場合に法律を制定できる。
行政に対する権限	内閣総理大臣の指名権	67条	国会は、議決により国会議員のなかから内閣総理大臣を指名できる。
	内閣不信任決議権	69条	衆議院は、内閣不信任の決議や信任決議案を議決できる。
	国政調査権	62条	各議院は、国政に関する調査をおこない、証人の出頭、証言、記録の提出を要求できる。
	内閣総理大臣・国務大臣の国会出席義務	63条	各議院は、内閣総理大臣その他の国務大臣に対して、答弁・説明のために国会への出席を求めることができる。
	条約承認権	61条 73条3	内閣が条約を締結するときには、国会は条約案の承認が必要とする。
財政に対する権限	予算の議決権	60条 73条5 86条	国会は、予算を審議して議決する。衆議院は、参議院よりも先に予算案を審議して議決する（衆議院の予算先議権）。
	決算の審査	90条	国会は、決算の審査をおこなう。
	財政状況の報告	91条	国会は、内閣から国の財政状況について報告を受ける。
司法に対する権限	弾劾裁判所の設置	64条	国会は、両議院の議員から構成される弾劾裁判所を設置し、罷免の訴追を受けた裁判官の裁判をおこなう。
議院の自律的権限	議院の規則制定権	58条2	各議院は、会議手続き、内部規律に関する規則を制定できる。
	議員に対する懲罰権	58条2	各議院は、院内の秩序を乱した議員に懲罰を科すことができる。
	議員の資格訴訟の裁判権	55条	各議院は、議員の資格に関する訴訟を裁判することができる。
憲法改正に関する権限	憲法改正の発議権	96条	国会は、各議院の総議員の3分の2以上の賛成で憲法改正の発議をおこなうことができる。

（3）予算案と条約案を議決する場合。衆議院が予算案・条約案を可決し、参議院が否決した場合には、両院の代表者からなる**両院協議会**を開く。両院協議会で議論しても、意見が一致しない場合、衆議院の議決が優先し、予算案・条

約案は可決する。なお、参議院が予算案・条約案を受理したのち、30日以内に議決しない場合も、衆議院の議決が優先する。

（4）内閣総理大臣を指名する場合。衆議院と参議院が異なる国会議員を、内閣総理大臣に指名した場合､両院協議会が開かれる。両院協議会で議論しても、意見が一致しない場合、衆議院が指名した国会議員が内閣総理大臣になる。また、衆議院が内閣総理大臣を指名したのち10日以内に、参議院が内閣総理大臣を指名しない場合、衆議院の指名が優先する。

（5）内閣不信任決議・信任決議を議決する場合。これらの決議案は、衆議院のみで議決される。

6　国会議員の議員特権

国会議員は、国から相当額の歳費を受ける権利が認められる。歳費とは、国会議員に支給される給与のことであり、国会議員が政治活動をするのに必要な経費である。歳費は月額約130万円、文書通信交通滞在費・月額100万円、立法事務費・月額65万円、期末手当・年額約635万円などが支給されている。

国会議員には、**不逮捕特権**が認められている。国会議員は、現行犯でなければ、所属する議院の許可なく逮捕されない。また、会期中に逮捕された場合でも、所属する議院の要請があれば、会期中は釈放される。これは、内閣が逮捕権を濫用して、国会議員の地位を脅かし、国会での自由な審議が抑制されることを防ぐためである。

また、国会議員には、**免責特権**が認められる。国会議員は、議院でおこなった発言・討論・表決について、院外で民事上・刑事上の責任を問われない。たとえば、国会議員の発言が、名誉毀損にあたる場合であっても、法的責任には問われない。それは、国会議員が自由に発言し、討議する権利を広く守る必要があるからである。

さらに考えてみよう

国会は、国の最高機関であり、唯一の立法機関である。国会は、私たちの生活に関わる法律を制定できる唯一の組織である。そのため、国会では、与野党が十分に時間をかけて慎重に議論し、法律を策定していく必要がある。国会で制定された法律は、内閣が執行することになる。それでは、内閣がどのような組織であり、どのような権限をもっているのだろうか。これについて、次章で考えてみることにしよう。

Questions

1. 国会での審議は十分に尽くすためには、どのようにすればよいかを考えてみよう。
2. 衆議院の権限は、参議院の権限よりも強力である。どのような場合に、衆議院の優越が認められるのかを考えてみよう。
3. 国会議員には、さまざまな特権が与えられている。なぜこのような権限が与えられているのかを考えてみよう。

読書案内

日本の国会については、大山礼子『**日本の国会――審議する立法府へ**』（岩波新書、2011年）が、国会の抱えている諸問題について丁寧に説明している。国会議員の仕事については、国会議員が自分の経験に基づいて執筆した、林芳正・津村啓介『**国会議員の仕事――職業としての政治**』（中公新書、2011年）をお薦めしたい。また、政野淳子『**選挙に行きたくなる国会の話**』（ちくまプリマー新書、2016年）もおもしろい。

11章　内閣と行政

この章で学ぶこと

ニュースを見ていると「政府は小学校からの英語教育について…」とか、「政府は領土問題の解決に向けて…」など、「政府」という言葉をよく聞く。政治学では、政府という言葉は国の統治に関わる立法、司法、行政すべての機関を含めて意味する場合と、狭く行政機関だけを意味する場合とがある。日本では行政機関、より正確にいえば内閣をさして政府とよぶことが一般的である。この章では日本を事例に内閣のしくみと、そこでおこなわれる行政とよばれる仕事の特徴について説明する。

1　内閣の機能

1-1　内閣の組織

日本国憲法では国会が国の唯一の立法機関であると定められており、これにしたがって国会は国家としての意思や方針を法律という形にまとめ上げている。しかし、法律はわずか数ページ程度の文章でしかなく、そこに書かれている内容を実現するためには、さらに細かなプランを「誰か」が策定し、そしてそれを「誰か」が実際に執行しなければならない。この「誰か」にあたる役割を果たすのが**行政**の仕事である。つまり行政とは、法律によって決定された方針を具体化し、そして執行する目的をもつ作用のことをいう。そして、日本国憲法は行政権が**内閣**に属すると定めている。

議院内閣制（7章を参照）をとる日本では、国会が内閣のリーダーである内閣総理大臣（首相）を国会議員のなかから指名する。その後、総理大臣は国務大臣を任命するが、その過半数は国会議員でなければならない。この総理大臣と国務大臣からなる合議体が内閣である。また、憲法は総理大臣およびその他の国務大臣は**文民**でなければならないと定めている。ここでいう文民とは職業軍人ではない人、という意味である。

内閣の意思決定は**閣議**とよばれる会議でおこなうが、ここでは全会一致が求められる。そのため、もし総理大臣の意見に反対する国務大臣が一人でもいれば閣議で物事を決めることはできないが、総理大臣は国務大臣を自由に罷免（ひめん）（職務を辞めさせる）する権限をもっているので、最終的には総理大臣の意思で内閣を統一することができるようになっている。

内閣および総理大臣を支える補佐機構として内閣官房と内閣府が設置されている。内閣官房は内閣の総合調整を司（つかさど）る組織で、複数の省にまたがる案件を調整したり、重要な政策の企画立案などで総理大臣を補佐したりする。内閣官房を統率する内閣官房長官は国務大臣で、通常は総理大臣がもっとも信頼する人物をあてるといわれる。また、内閣官房長官は内閣の決定事項や国政の重要事項をマスコミなどに発表する役割ももっている。

文民統制（シビリアン・コントロール）

日本国憲法が内閣総理大臣および国務大臣を文民（シビリアン）、つまり職業軍人でない人物に限定するのは、軍が政治に介入することを防ぎ、軍を主権者である国民によって選ばれた政治家の統制の下におくべきだとする考え方に基づいている。軍に対する政治の優位、あるいは軍隊に対する民主的な統制を**文民統制**とよぶ。

軍は外部の脅威から国家を防衛するために必要とされ、またそのために武力をもつことが許される実力集団である。しかし軍が自らの利益のために、その武力を国内に向けたとき、国民の諸権利や民主主義的な価値は容易に踏みにじられるおそれがある。また刃を向けないまでも、外敵による脅威が大きいなかで軍に依存する度合いが高くなると、軍は戦争に備えて経済や社会に対するコントロールを強める可能性がある。

こうした事態を避けるために、いかなる場合でも政治が軍に優位する原則、より詳しくいえば、政府によるすべての決定が、軍人以外の政治家、とくに民主主義国であれば選挙により選ばれた政治家（またはその任命した人）によっておこなわれるべきだとする原則が文民統制なのである。

戦前の日本は軍部の台頭に対して政府や国会がこれを統制することができず、結果的に戦争へと至った経緯がある。だから、軍を政治によって統制することの重要性を私たちは本来もっと理解しておくべきなのかもしれない。しかし戦後の日本には建前上、軍隊が存在しないことになっている。政府も国会も自衛隊を軍隊とはみなしていない。そのような事情もあり、日本では自衛隊の文民統制に関わる議論がこれまでほとんどなされてこなかった。

しかし、自衛隊が世界有数の軍事力をもった実力組織であることは疑いのない事実であるし、また国内においても、かつてないほどまでにその存在に対する国民の認知は高まっている。さらには自衛隊の業務の範囲も日本の防衛だけでなく多岐にわたる。このような状況だからこそ、日本でも自衛隊を国家のなかでどう位置づけるのかといった議論を深めていくべきであろう。

内閣府は2001年の中央省庁改革で誕生した新しい組織で、内閣官房を補佐しつつ、総合的な企画立案や政府内の調整役を担う。内閣府には経済財政諮問会議、総合科学技術・イノベーション会議、国家戦略特別区域諮問会議、中央防災会議、男女共同参画会議の５つの「重要政策に関する会議」が設置されており、各省を越えた立場から重要な政策を審議し、総理大臣主導の政策立案を補佐している。

1-2　行政機関

行政権は内閣にあるが、実際の行政を担当するのは内閣に属する行政機関である。ここでいう行政機関とは**府**や**省**などのことで、現在の日本には１府11省があり、それぞれが定められた領域の行政を担当する（図11-1）。それぞれの府省の業務を統括するのが国務大臣で、国務大臣の仕事を補佐するために副大臣と大臣政務官という役職が置かれている。副大臣は、その府省の政策全般で大臣を補佐し、また大臣政務官は特定の政策について大臣を補佐する。副大臣も大臣政務官も国会議員から選ばれる（図11-2）。この大臣、副大臣と大臣政務官をあわせて**政務三役**とよぶ。

政務三役の統括の下、行政機関で日々の行政事務をおこなうのは公務員である。公務員は**官僚**とか**役人**とよばれることもある。各行政機関では官僚がその専門性を活かして、政策の実施だけでなく政策の立案や予算案の策定など国の政治に関わるさまざまな仕事を担っている。官僚は各府省の採用試験を合格し

図11-1　日本の行政組織

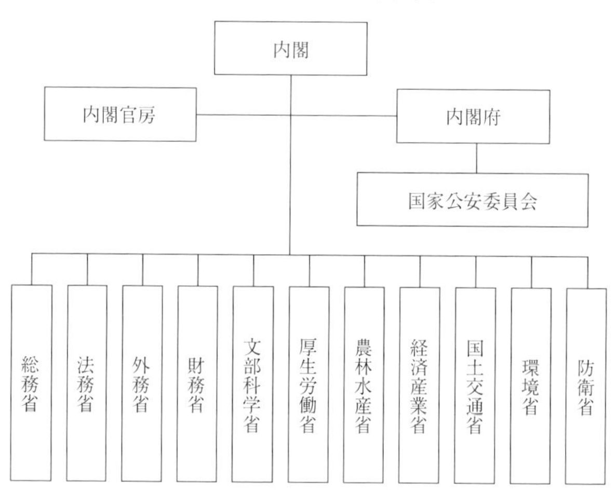

図11-2　議院内閣制

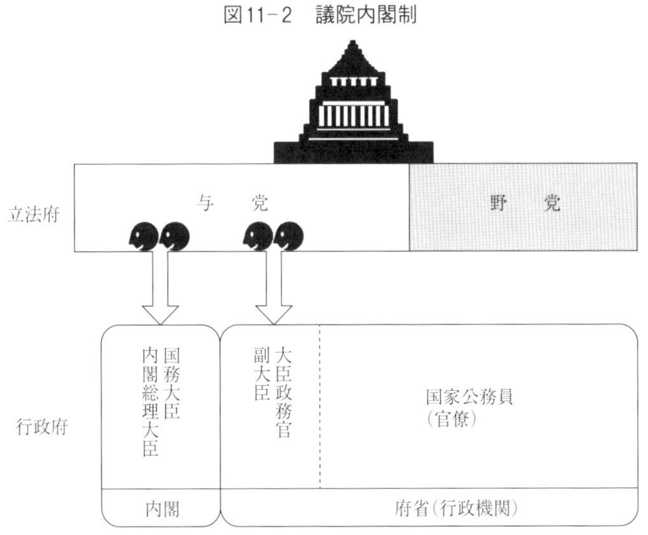

て入省しているために、基本的には退職するまでずっと同じ府省で仕事をし、経験を積む。ところが、55年体制下の自民党長期政権時代には、できるだけ多くの自民党議員に大臣を経験させるため、平均して1年程度で**内閣改造**をおこない、大臣を交代させていた。そのため、経歴や専門分野などからもっとも適任とみられる政治家が大臣に任命されるだけでなく、その分野では「素人」に近いような政治家が大臣に任命されることも少なからずあった。そうなると「素人」に代わって、その分野の専門家たる官僚がどのような法律をつくるべきか、どのような予算を組むべきかを自分たちで決め、大臣はそれに対してただ承認のハンコを押すだけといった**官僚主導**の政治がみられるようになった。

ただ、国民から選ばれた国会議員が内閣総理大臣を指名し、その内閣総理大臣が国務大臣を任命してそれぞれの行政機関を指揮監督するという議院内閣制の本来の原則からみれば、この官僚主導の政治というのは望ましいものではない。そこで、国民から選ばれた政治家が行政でリーダーシップを発揮する**政治主導**を進める改革が1990年代の末以降おこなわれている。実は、先ほど説明した副大臣や大臣政務官の設置は、1999年の国会審議活性化法によって決まったものであり、それは政治主導を実現するために多くの政治家を行政機関の監督統制に送り込むことを目的としたものであった。

1-3　内閣総辞職と衆議院の解散

議院内閣制をとる日本では、国民は政府のリーダーである内閣総理大臣を選ぶことはできない。総理大臣を選ぶのは国会の仕事である。つまり、内閣は国会の信任によって誕生し、その信任に基づいて行政権を行使する。そのため、内閣は国民ではなく国会に対して責任を負う。だから、国会の信任を失うと、具体的にいえば衆議院で**内閣不信任決議**が可決されると内閣は存在する正統性を失うので、その場合は内閣総理大臣とすべての国務大臣は全員でその職を辞める必要がある。これを**内閣総辞職**という。

このようにみると、内閣は国会に対して弱い立場にあるようにみえるかもしれない。しかし、国家の権力を分散させる三権分立のしくみをとる日本では、内閣（行政）にも国会（立法）に対するけん制のための権限として**衆議院の解散権**が付与されている。これによって、衆議院の内閣不信任決議が不当であると考える場合や、国会と内閣の意見が割れ、国民にどちらが正しいかを選んでほしい場合など、内閣総理大臣は衆議院の解散をおこなうことができる。その場合、信任を与えてくれた衆議院が解散するわけだから、内閣も選挙後にいったん総辞職しなければならない。

ただし、内閣と国会、とくに衆議院の意見が分かれることは本来なら起こりにくい。なぜなら、衆議院で全体の過半数の議席をもつ政党が内閣総理大臣を自分たちで決め、政権を獲得できるからである。このように、政権を担当する政党のことを**与党**、それ以外の政党を**野党**とよぶ（***12***章を参照）。そして、与党からは図11-2のように多くの政治家が内閣や行政機関に入っていくので、内閣と与党は主要なメンバーが重複しているはずである。それゆえに、日本では立法府と行政府の権力は分散されているが、この点では両者の権力は融合しているとみることもできる。いずれにせよ、与党と内閣が一致しているからこそ、内閣は政策の実現に必要な法案や予算案を国会に提出し、可決させることができるのである。

1-4　単独政権と連立政権

政権を獲得するためには、まず衆議院で過半数の議席を獲得しなければならない。もちろん参議院でも過半数の議席を有しておいた方が良いが、内閣総理大臣の指名については衆議院の指名が優先される（衆議院の優越）。もし衆院選で議席の過半数を獲得した政党があれば、その党は与党として自分たちの代表を内閣総理大臣として指名することができる。

図11-3の右図、2017年の選挙結果をみると自民党が過半数（233議席）を大きく上回る284議席を獲得しているので、与党としてゆるぎない立場を得ていることがわかる。ところが、左図の2000年の選挙結果は状況が異なる。まずこの選挙ではどの政党も過半数に届いていないので、単独で内閣総理大臣を指名できる政党は存在しない。このような場合は複数の政党が手を組むことで与党となり、政権を獲得することができる。実際に2000年には、自民党は公明党、保守党と連携して自民党総裁の森喜朗を内閣総理大臣に指名することに成功した。このように複数の政党によって担われる政権を**連立政権**といい、その際の与党は**連立与党**とよばれる。

また、衆議院において単独過半数が成立していても、参議院でその政党の議席が過半数に達していない場合、同様に連立政権が志向される。2012年の衆院選で自民党は単独過半数を得たが、参議院においては過半数を得ていないため（2013年の参院選後において全242議席中自民党は115議席）、公明党との連立政

図11-3　衆議院の議席配分（定数480（2000年）、465（2017年））

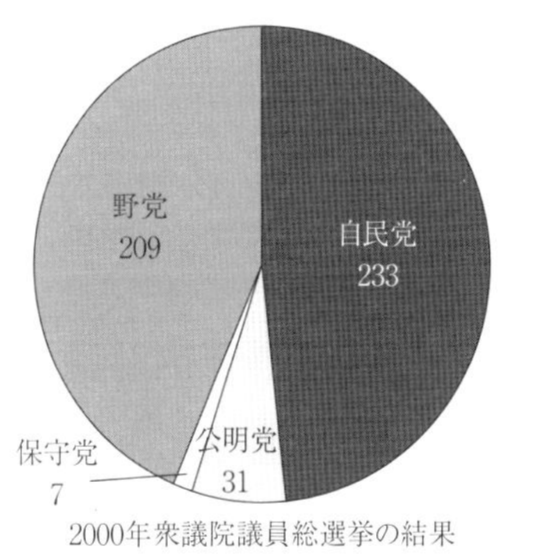

2000年衆議院議員総選挙の結果

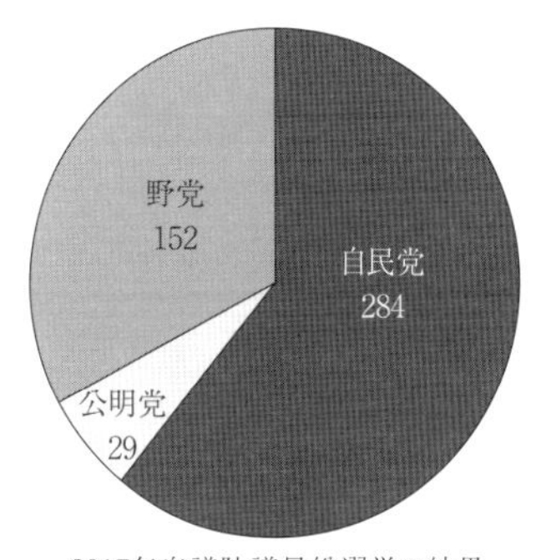

2017年衆議院議員総選挙の結果

権を形成している。また、連立政権が形成される場合、内閣も**連立内閣**となって複数の政党から国務大臣が選ばれることが一般的である。

2 官僚制

2-1 行政機関の構造

つぎに、各府省の組織について詳しくみてみよう。各府省のトップには政治家である政務三役が就くが、官僚組織の最上位には**事務次官**とよばれるポストがある。事務次官は省での業務に精通しており、実質的に省内を取り仕切っている。この事務次官が官僚の出世レースのいわばゴールである。一般に事務次官の下には局と官房が置かれ、各局の下には課、そして係が設置される。官房とは省の内部管理業務を一手に引き受ける組織であり、会計課（予算）、秘書課（人事）、文書課（文書）の三課が設置されるのはほぼすべての省で共通している。ちなみに、大臣官房会計課が各府省次年度の予算案を取りまとめて財務省に提出する。また、事務次官の下には審議官とよばれる官僚ナンバー２のポストがあり、広く業務を統括し事務次官を補佐する（図11-4）。

図11-4　一般的な府省の組織図

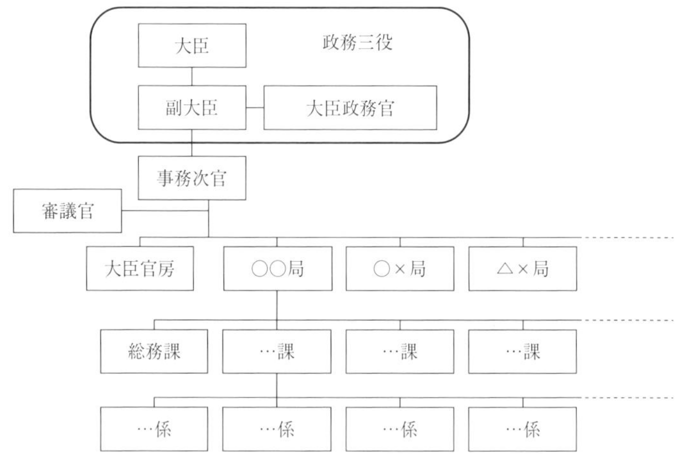

このように行政機関では政務三役の下、事務次官を筆頭に局—課—係というピラミッド型の構造をとっており、命令系統も事務次官から末端の係員まで明確な上下関係に基づいて一元化されている。

業務を組織的に遂行するため、明確な上下関係を基礎として形成されたこのようなピラミッド型の組織形態を**官僚制**とよぶ。この組織形態は企業をはじめ大規模化、複雑化した近代組織に一般的にみられるが、これを最初に発展させたのが民間企業ではなく役所組織だったためこの名がつけられている。つまり、官僚制という言葉は、狭義には行政組織そのものを指すが、広義にはピラミッド型に形成された組織一般を意味する。

2-2　官僚制の特徴と問題点

この官僚制の特徴をはじめて体系的に研究したのがドイツの社会学者**M.ヴェーバー**である。ヴェーバーは世襲ではなく試験による能力の測定に基づいて選抜された役人で構成され、そして職務上の上下関係によって組織される官僚制は非常に合理的な組織であり、ここでは的確、迅速でかつ安定した業務が期待できると高く評価した。

というのも、ヴェーバーが考える理想の組織とは、人間があらかじめ決められたプログラムに基づき行動する歯車のような存在に徹し、決して個人の感情や勝手な裁量をもち込まないというものであった。そうすることによって、組織全体が当初のプログラム通りの結果を得ることができると彼は考えたがるのだが、官僚制はこの条件にまさに当てはまる特徴をもっていたのである。こうした長所ゆえに官僚制は行政組織にとどまらず政党や教会、そして企業など社会のあらゆる組織において観察されるとヴェーバーは説明した。

もしヴェーバーが想定したとおり、官僚制が優れた組織形態であるとすれば、私たちは官僚組織の仕事については肯定的な見方をもつはずである。しかし、実際には「お役所仕事」や「官僚主義」という言葉は、どちらかというと批判的な意味合いで使われることが多い。なぜヴェーバーの想定と現実は異なるのだろうか。

これについて、アメリカの社会学者**R.マートン**は官僚制に特有の問題が生じる理由について説明した。たとえば、官僚制では個人の感情や勝手な裁量を排するために「規則による規律を守れ」という原則が徹底されるが、マートンはこれがいつの間にか「規則は絶対に曲げてはならない」という解釈（**規則万能主義**）に取って代わられることを指摘した。そうすると、「規則ですから」の一点張りで融通の利かない、そして機械的な感じのする「お役所仕事」が生まれてくるのである。

同様に業務の範囲を限定するための「明確な権限をわきまえよ」という原則も、自分の部署のことだけを考えれば良い、他の部署のことには興味がないといった**縄張り意識**（セクショナリズム）へと変容する。この縄張り意識が行きつく先は、各省が内閣や国全体の利益よりも自らの省の利益のみを追求するという「省益あって国益なし」とよばれる態度である。ここに、日本の行政の非効率の象徴である**縦割り行政**の原因をみることができるのである。

以上のように、マートンはヴェーバーが官僚制の長所として指摘した点がいずれも短所に転じうると指摘したが（**官僚制の逆機能**）、それは官僚が無能ゆえに生じているのではなく、むしろ官僚が官僚制の原則を忠実に守ろうとするがゆえに起きることを突き止めた。つまり、本来は「手段」でしかない諸原則が、官僚がそれに忠実であろうとするあまりにいつの間にか「目的」に転じてしまうのである。マートンはこれを「**訓練された無能力**」とよんだ。

さらに考えてみよう

マートンの説明にしたがえば、官僚が職務に忠実であろうとするがために官僚制特有の機能障害が生じる。ではこの問題を克服する方法はないのだろうか。その答えの１つが本章の１節で説明した政治主導の政治への転換である。つまり、内閣総理大臣のリーダーシップの下、国民の代表者である政治家が幅広い視野に立って官僚を監督統制することで、こうした弊害を克服しようとするのである。

ただし、それは官僚を政策決定の場から締め出すことではない。2009年に誕生した民主党政権は、政治主導の名の下に官僚を意図的に排除しようとしたが、結局それは混乱を招いただけであった。

政治家には国の進路の大枠を決定する役割があり、官僚には政治家に対して物事の決定に必要な情報を伝えたり、あるいは政治家が決定した方針を実現するために詳細なプログラムを設計したりする役割がある。両者がお互いの領分をわきまえ、尊重し、そして協働していく体制を構築することが政治主導の本来目指すべきあり方ではないだろうか。そして、主権者である私たちも、そうした力量をもつ政治家をしっかり見極めて、国会に送り出すようにしなければならない。

Questions

1. なぜ内閣は国民ではなく国会に対して連帯して責任を負わなければならないのだろうか。
2. どのような場合に連立政権が誕生するのだろうか。また単独政権と連立政権とでは、国民にとってはどちらが望ましいのだろうか。
3. 政治主導を実現するためには、大臣が毎年交代するような状況は望ましいだろうか。もし望ましくないとすれば、今後どのようなしくみを考えれば良いだろうか。

読書案内

日本の議院内閣制の特徴を知りたければ飯尾潤『**日本の統治構造――官僚内閣制から議院内閣制へ**』（中公新書、2007年）を薦めたい。この本は日本の内閣は国会議員ではなく官僚によって支配されてきたという視点から内閣や官僚制度の問題点を指摘している。これにあわせて、中北浩爾『**自民党――「一強」の実像**』（中公新書、2017年）も一読してほしい。民主党から再び政権を取り戻した自民党の統治構造が安倍政権下でどのように変わったのかを理解することができる。

コラム14 予算編成のプロセス

1年間の政府の収入（歳入）と支出（歳出）の見積もりを予算という。日本政府は毎年100兆円を超える予算（一般会計予算）を用いてさまざまな政策を実施しているが、どれだけ立派な政策もこの予算の裏づけがなければ実現することはできない。それゆえに、予算は政策のなかの政策ともいわれる。

政府の予算は必ず国会の承認を得なければならず、内閣は毎年1月に国会に政府予算案を提出する。通常であれば2月から3月にかけて衆議院、参議院でそれぞれ予算案が審議、可決され、これが4月にはじまる年度の予算となる。

さて、次年度の予算編成は5月にはすでにはじまる。まず各府省の班や係が課に対して予算要求し、課はこれを取りまとめて局の総務課に提出する（図11-4参照）。総務課は各課の予算要求を査定し、6月にはこれを取りまとめて大臣官房会計課に局の予算要求として提出する。会計課は各局から出された要求をおよそ2カ月かけて検討するのだが、7月には政府予算を司る財務省から概算要求基準が各府省に提示される。概算要求基準とは各府省が要求できる予算の上限を示したものであり、会計課はこの予算の天井を睨みながら、8月末までに府省としての予算要求（概算要求）を作成し、これを財務省に提出する。

各省の概算要求は財務省の主計局で取りまとめられ、ここで詳細にわたって査定される。主計局には局長と3人の局次長の下に11名の主計官（課長級）が配置されている。この主計官はそれぞれ担当する府省が決まっており、彼らが各府省の概算要求を査定する責任者となるが、実際の査定は各主計官に3-4名配置される課長補佐級の主査が行う。査定はヒアリング（意見聴取）から始まり、まず主査が各府省の総務課長に、つぎに主計官が局長クラスに、局次長が事務次官に、そして最後に局長が大臣にヒアリングを行う。ここでは各府省の官僚が、自分たちより1クラス下の主計局官僚に概算要求の中身について説明を求められ、質問され、追加の資料を要求されるという構図がみられる。

ヒアリングが終わると、各府省からの要求を主計局内で本格的に審査する。具体的な手順としては主査が主計官に、そして主計官が局次長に相対する形で自分が担当する府省の概算要求の査定原案を提示し、説明していく。そして最終的に主計局内でのすべての査定が終了した概算要求を取りまとめ、これを財務省原案として内閣に報告する。それと同時に、財務省原案は主計官から各府省に対しても内示される。ここで各府省は査定を経て減額されたり削減されたりした項目について、これを復活させるようもう一度財務省に要求するかどうかを検討する。どうしても復活させたい項目は事務次官級、あるいは大臣級の復活折衝において話し合われ、それを経たうえで12月に政府予算案が閣議決定され、翌1月の通常国会に提出される。

以上、日本の予算編成過程を描写したが、ここでは2つの特徴が指摘できる。まず予算は下からの積み上げ方式によって決まっていくという点である。稟議制と同様、組織の末端から予算案が順次組織の上層へとあがっていき、やがてこれが政府原案となる。

もう1点は、査定する側とされる側がつぎつぎと入れ替わっていく点である。たとえば、府省の各局の総務課は、局内の各課からあげられた要求についてその根拠などを査定したうえで局の予算要求をまとめるが、今度はこれを官房会計課に提出すると、その要求の根拠などが事細かに査定される。行政学者の村松岐夫はこれを攻守交代システムとよび、予算編成上の特徴の1つとして指摘した。

12章　政　党

この章で学ぶこと

テレビのニュース番組などで、「自民党」や「立憲民主党」といった言葉を聞いたことがあるだろう。これらの党は「政党」とよばれるものである。政党とは一体、何だろうか。政治に政党は必要なのだろうか。必要だとすれば、その理由とはどのようなものなのであろうか。この章では、政党に関する基礎知識を学ぶことにしよう。そのうえで、日本における戦後の政党政治について、その特徴と問題点を考えてみよう。

1 政党とは何か

まず、政党とは何かを確認することからはじめよう。

1-1 定　義

民主主義の国の議会では、多数決の原理にしたがって、政策を決定したり、法案を制定したりする。そのため国会議員は、自らの考えや意見を政治に反映させるために、自分と同じ考えや意見をもつ他の国会議員たちとグループをつくることで、議会で多くの票を勝ち取ろうとする。このグループが政党である。**政党**とは、同じ考えや政策をもつ国会議員たちが集まったグループをさす。ここで大事なのは、国会議員は、政権を獲得するために、政党というグループを形成している、という点である（これに対して、***13***章で扱う**利益団体**は、政権の獲得を目的としないグループである）。なお、政権を担当する政党のことを**与党**という。与党となるためには、衆議院で過半数以上の議席を獲得しなければならない。そして、与党の政策を監視したり、批判したりする政党を**野党**という。

それでは、どのような要件を満たせば、政党となるのだろうか。日本では、公職選挙法などで政党の要件が定められている。すなわち、（1）政治団体に所属する国会議員が５人以上であること、もしくは（2）直近の選挙において、全国を通じた投票率が２％以上であること、と定めている。直近の選挙とは、（1）前回の衆議院議員総選挙（小選挙区·比例代表）、あるいは（2）前回もしくは前々回の参議院議員通常選挙（選挙区・比例代表）のいずれかをさす。

1-2 機　能

政党は、以下のような４つの機能をもっている。まず、国民の意見・利益をまとめるという**集約機能**である。国民は多様な意見・利益をもっている。たとえば、2021年の東京オリンピックに関する、ある政策をおこなうことについて、関東と関西に住む国民とでは意見・利益が異なるかもしれない。また、同じ関東でも東京と神奈川に住む国民とでは意見・利益が異なることもあろう。政党は、国民の多様な意見・利益を集約するという重要な機能をもっているのである。

2つ目は**媒介機能**である。政党は国民の意見・利益を集約するだけではない。政党は、議会において、集約した国民の意見・利益を法案や政策に反映させようと試みる。つまり、政党は国民と議会を媒介するという重要な機能をもっているのだ（この機能を**代議制の媒介**という）。それゆえ、政党とは、国民の利益を増やすための組織（E. バーク）であるとともに、社会と国家を架橋するための組織（E. バーカー）であるともいえよう。

3つ目は**教育機能**である。政党は国民の政治意識を高揚させるという機能をもつ。たとえば、政党は、政権をとるために（与党となるために）、多くの有権者から支持を得る必要がある。そこで、政党は、政権を獲得した場合の政策目標を掲げる。この政策目標を**公約**もしくは**マニフェスト**という。公約は、有権者である国民の投票行動に大きな影響を与えることはもちろん、政治そのものに対する国民の意識を高める効果をもつ。ただし、公約を守らない政党は、つぎの選挙に勝てないだけでなく、国民に**政治不信**を招くこととなる。

4つ目は**選出機能**である。たとえば、政党は、選挙の際に芸能人やスポーツ選手などを選出し、立候補者として確立することもできる。また、衆議院議員の最多数が所属する与党は、内閣総理大臣（首相）という政治リーダを選出することができる。

2　政党制の類型

つぎに、政党どうしの関係をみてみよう。政党は、イデオロギーや政策などを通じて、お互いに影響を与えあっている。このように、複数の政党間における関係を**政党制**という。

2-1　二大政党制と多党制

最初に、政党の数に注目して、政党制を分類してみよう。まず、**二大政党制**である。これは2つの政党が競合する政党システムである。たとえば、アメリ

表12-1 二大政党制と多党制のメリットとデメリット

政党制	メリット	デメリット
二大政党制	政権の安定 政治責任の所在が明確	政権の長期独占の危険性 少数意見が反映されにくい
多党制	多様な意見を反映しやすい 政策の弾力性	政権の不安定 政治責任の所在が不明確

カの共和党と民主党が例にあげられよう。つぎに、**多党制**である。このシステムは3つ以上の政党が競合するものである。現在の日本は多党制である。なお、小選挙区制は二大政党制を生みやすく、比例代表制は多党制を生み出す可能性が高い。これを**デュヴェルジェの法則**という。

さて、二大政党制と多党制とでは、どちらのシステムのほうが望ましいのだろうか。以下、二大政党制と多党制について、それぞれのメリットとデメリットを考えてみよう（表12-1）。

たとえば、二大政党制と多党制とでは、どちらのシステムのほうが国民の意見を反映できるのだろうか。二大政党制は、国民の大多数が、A党かB党のいずれかを支持している、ということを意味する。そして、国民の大多数は、選挙の際にA党かB党のいずれかに投票することで、自分たちの意見や考えを政治に反映させることができよう。しかし、国民の大多数ではない意見、つまり国民の少数の意見は、その選挙において、自分たちの意見や考えを政治に反映させることはできない。したがって、二大政党制のデメリットは、少数意見を反映できないという点にある。これに対して多党制は、党の数が多ければ多いほど、国民の意見や考えを反映させる選択肢が多くなることを意味する。すなわち、多党制のメリットは、多様な意見を政治に反映することができるという点にある。

つぎに、政治責任の所在について、二大政党制と多党制とではどちらのほうが明確なのだろうか。たとえば、二大政党制の下で、A党が与党で、B党が野党であるとしよう。もし、A党が何かしらの政策に失敗したら、A党という1つの政党に、その政治的責任があるということになる。すなわち、二大政党制は、政治責任の所在が明確であるというメリットをもつ。これに対して、多党制では、政治責任の所在が不明確とのデメリットをもっている。なぜか。多党制の下での政党は、単独では衆議院において過半数の議席を確保できないことが多いため、自らの党が政権を担当したいと考えるのであれば、他の政党と連立で政権を担当しなければならない。この連立政権というのが、政治責任の所在を不明確にするのである。ここで、A党・B党・C党という連立政権があるとしよう。もし、その連立政権が何かしらの政策で失敗したら、その政治的責任の所在はA党・B党・C党という3つの政党にある。しかし、その3つの政党のなかで、どの政党に一番政治的責任があるのかとなったとき、A党は「B党とC党の責任だ」、B党は「A党とC党の責任だ」、C党は「A党とB党の責任だ」と言って、責任転嫁するかもしれない。このように、どの政党に一番の政治的責任があるのか、その所在が不明確となってしまうのである。

2-2 サルトーリによる類型

二大政党制と多党制は、政党の数に注目して分類するものであった。しかし、多党制といっても、3つの政党が存在している場合もあれば、5つの政党が存在している場合もある。多党制を構成する政党の数が異なれば、政党間の相互作用も変わるのではないだろうか。そこで、イタリアの政治学者であるG. サルトーリは、多党制における政党の数の違いという要素と、政党の政策やイデオロギーという要素を取り入れて、以下のような政党制の分類をおこなっている（表12-2）。

まず、サルトーリは、政党制を、非競合的システムと競合的システムとに大きく分ける。そのうえで、非競合的システムを、一党制とヘゲモニー政党制にさらに区分する。**一党制**とは、1つの政党のみが存在しているシステムである。複数の政党は認めない。つぎに、**ヘゲモニー政党制**とは、複数の政党を認めるものの、政権をとっている1つの政党と競合しないかぎりにおいて、他の政党の存在を認めるというものである。それゆえ、政権を担当している政党以外の政党は、いわば「みせかけ」の政党ともいえよう。

競合的システムには、一党優位政党制、二党制、穏健的多党制、分極的多党制、原子化政党制がある。**一党優位政党制**は、複数の政党が存在しているもの

表12-2　サルトーリによる政党制の分類

非競合的システム	一党制	1つの政党のみが存在。
	ヘゲモニー政党制	1つの政党が政権を担当。それ以外の政党は「みせかけ」の政党。
競合的システム	一党優位政党制	選挙をすれば、いつも同じ政党が政権を担当する。
	二党制	2つの政党が政権を担当するために争う。
	穏健的多党制	3つから5つの政党が政権を担当するために争う。イデオロギーの相違があまりないため、争いは緩やか。
	分極的多党制	6つから8つの政党が政権を担当するために争う。イデオロギーの相違が大きいため、争いは激しい。
	原子化政党制	多くの政党が存在。ただし、優位な政党はない。

の、選挙をすれば、いつも同じ政党が政権を担当するというものである（例：後述する日本の**55年体制**）。**二党制**は、先に述べた二大政党制と同じで、選挙をすれば、2つの政党のうち、どちらかの政党が政権を担当するシステムである。**穏健的多党制**では、3つから5つの政党が、政権獲得をめぐって争いをおこなう（例：オランダやベルギーなど）。ただし、政党間におけるイデオロギーの相違があまりないため、政権獲得の争いは穏健となる。**分極的多党制**は、6つから8つの政党間で政権担当を争うシステムである。このシステムでは、イデオロギーの相違が大きいため、競合は激しいものとなりやすい（例：1950年代までのフランスなど）。最後の**原子化政党制**は、多くの政党が存在しており、そのなかで優位な政党がない状況のシステムである。

3　日本の政党政治

政治の運営において、政党が重要な役割を担っている政治のあり方を**政党政治**という。ここでは、日本における戦後の政党政治について、その特徴をみてみよう。

日本の政党政治はアジア・太平洋戦争後に本格的に展開された。戦後日本の政党政治には、55年体制とよばれる1つの特徴があった。**55年体制**とは、与党である自由民主党（自民党）と、野党である日本社会党（社会党）が、1955年

表12-3　日本の政党一覧

名称	代表者氏名
NHKから国民を守る党	立花孝志
公明党	山口那津男
国民民主党	玉木雄一郎
社会民主党	福島瑞穂
自由民主党	菅義偉
日本維新の会	松井一郎
日本共産党	志位和夫
立憲民主党	枝野幸男
れいわ新選組	山本太郎

※五十音順
＊2020年12月1日現在

から1993年まで、憲法や日米安全保障条約などをめぐって争っていたことを意味する。1955年、革新政党の右派社会党と左派社会党が再統一して社会党を結成した。同年、社会党に対抗するために、保守政党の日本民主党と自由党が自民党を結成する（これを**保守合同**という）。以後、自民党はつねに与党として、社会党はつねに野党として、1993年まで存在し続けた。それゆえ、55年体制は、サルトーリの分類にしたがえば、自民党による**一党優位政党制**となる。

しかし、1960年代になって、多党化が進むことになる。たとえば、公明党が誕生したり、また日本共産党も勢力を伸ばしたりしたのであった。

1993年、衆議院議員総選挙において、金権政治や腐敗政治に対する批判から、自民党は敗れる。また、社会党も議席を大きく減らしたのであった。そして、非自民の連立政権である細川護熙（もりひろ）内閣が成立する。これは8つの党（日本新党、日本社会党、新生党、公明党、民社党、新党さきがけ、社会民主連合、民主改革連合）による連立政権であった。自民党は、38年ぶりに、政権を手放すこととなったのである。

最近では、2009年の総選挙において、民主党による**政権交代**が起こったことが記憶に新しい。民主党の鳩山由紀夫が内閣を成立させたのである。この時期には、日本が民主党と自民党の二大政党制に移行したのではないかという見解も出た。しかし、2020年現在、自民党が公明党ともに連立で政権を担当しており、自民党・公明党以外にも多くの政党が存在している状況にある（**表12-3**）。

さらに考えてみよう

最後に、日本における戦後の政党政治について、その問題点を考えてみよう。

表12−4　自民党の主な派閥

麻生派	54人
石原派	11人
石破派	19人
岸田派	47人
竹下派	54人
二階派	48人
細田派	98人

※五十音順
＊2020年11月23日現在

戦後における政党政治の問題点は、自民党が38年間にわたって政権を握っていたときに顕在化した。以下、2つの問題点があることを覚えておこう。

1つ目は**派閥**である。これは、党内において、同じ利害をもつ者どうしで形成されているグループである。派閥は、国民全体の利益よりも自分たちの派閥の利益を優先することがある。そのため、政党の重要な機能の1つである、国民の意見の集約機能を失わせることになりかねない。また、派閥は、他の派閥と争うことで、多くの問題を生み出す。たとえば、政権を担当する政党が内閣を組織する際、国務大臣のポストをめぐって派閥争いがおこなわれることがある。その結果、適材適所の人材配置ができなくなる可能性がある。

派閥の事例としては、いわゆる「三角大福中」があげられよう。三角大福中とは、「三」木武夫、田中「角」栄、「大」平正芳、「福」田赳夫、「中」曽根康弘を意味する。これらの派閥のリーダーたちは、1972年の自民党総裁選挙において、佐藤栄作首相の後任をめぐって激しく争っている（結果は、中曽根氏が田中氏を支持することで、田中氏が総裁に選ばれた）。

2つ目の問題は**族議員**である。族議員とは、特定の問題や分野に詳しい国会議員をさす。族議員は、特定の省庁や業界との結びつきが強いことから、国民全体の利益よりも特定の省庁や業界の利益を優先してしまう可能性があるといわれている。たとえば、自民党には、建設族･道路族（国土交通省）、文教族（文部科学省）、国防族（防衛省）、農水族（農林水産省）などがいる。

2020年12月現在、自民党は、公明党と連立を組むことで、政権を握っている。そして、自民党には派閥や族議員が存在している。自民党の派閥や族議員は、私たちの暮らしに、どのような影響を与えうるのだろうか。

Questions

1. 政党は政治に必要なのだろうか。また、その理由とは何か。

2. 二大政党制と多党制とでは、どちらのほうが望ましいであろうか。みんなで議論してみよう。
3. 日本の政党には、どのような派閥が実際には存在しているのだろうか。調べてみよう。

読書案内

最近の日本における政党政治状況の概観を知りたければ、中北浩爾『**現代日本の政党デモクラシー**』(岩波新書、2012年) がある。民主党と政権交代を知りたい方には、山口二郎『**政権交代論**』(岩波新書、2009年)、同『**政権交代とは何だったのか**』(岩波新書、2012年)、日本再建イニシアティブ『**民主党政権　失敗の検証——日本政治は何を活かすか**』(中公新書、2013年) などを参照してほしい。そのほか、新書には、永森誠一『**派閥**』(ちくま新書、2014年)、薬師寺克行『**公明党——創価学会と50年の軌跡**』(中公新書、2016年)、吉田徹『**「野党」論——何のためにあるのか**』(ちくま新書、2016年)、中北浩爾『**自民党——「一強」の実像**』(中公新書、2017年)、同『**自公政権とは何か——「連立」にみる強さの正体**』(ちくま新書、2019年) がある。

13章　利益団体

この章で学ぶこと

ときおり、ニュース番組などで、政党が「経団連」や「日本医師会」といった団体と話し合っている映像を目にすることがある。これらの団体は「利益団体」とよばれるものである。利益団体は、政党だけでなく、私たちの暮らしにも大きな影響を与えている。この章では、利益団体とは何か、その意義と問題点とは何かを学んでいくことにしよう。

1　利益団体とは何か

1-1　定　義

利益団体とは、特殊な利益を追求するために形成された集団をさす。利益団体は、政府・議会・省庁・政党・政治家・官僚などに圧力をかけて、自分たちの特殊な利益を実現しようとすることから、**圧力団体**ともよばれている。

利益団体と*12*章で学んだ政党は、ともに自らの特殊な利益を追求するために、それぞれ集団を形成している。しかしながら、利益団体と政党は、以下の2つの点で大きく異なっているといえよう。まず、1つ目の点は、政権の獲得を目的としているかどうかである。利益団体は政権獲得を目的としていない。これに対して政党は、政権獲得を目的とする集団である。2つ目の点は、国民に対して政治的責任があるかどうかである。利益団体は、自分たちの特殊な利益を追求するためだけに存在しているため、当然のことながら、国民に対する政治的責任がない。しかしながら、政党は、自らの利益のみならず、国民の利益を政治に反映させるためにも存在していることから、国民に対して政治的責任がある。

1-2　分　類

利益団体は、大きく分けて、つぎの2つに分類することができる（表13-1）。まず、利益志向型の利益団体であり、これは上述した利益団体のことである。すなわち、利益志向型の利益団体は、自分たちの特殊な利益だけを実現するという目的をもつ。このタイプの利益団体は、自らの利益だけをむき出しに追求していること（いいかえれば、国民一般の利益を考えていないこと）が公とならないように、裏の舞台で政府や政党などに圧力をかけることもある。

もう1つのタイプの利益団体は価値志向型である。この利益団体は、特殊な利益ではなく、公益を追求するために形成された集団で、**市民団体**ともよばれている。価値志向型の利益団体は、公益に関わる問題に携わっており、それゆえに、表の舞台で政府や政党などに圧力をかける。価値志向型の利益団体の事

表13-1　利益団体の分類

利益団体の分類	利益の範囲	圧力のかけ方
利益志向型	私益（特殊な利益）	裏で行動
価値志向型	公益	表で行動

表13-2　日本における利益団体の事例

種類	名称	構成	ウェブサイト
経営者側	日本経済団体連合会（経団連）	企業1444社・業種別全国団体109団体などで構成。	http://www.keidanren.or.jp/
労働者側	日本労働組合総連合会（連合）	48の組織・組合員約700万人で構成。	http://www.jtuc-rengo.or.jp/
業種・職業別	日本医師会	開業医と勤務医の約17万人で構成。	http://www.med.or.jp/

例として、平和・環境・人権などに関わるNGO（Non-governmental organization）やNPO（Non-profit organization）の活動があげられる。

NGOとNPO

政府や地方自治体といった公的機関とは異なり、公的機関から独立した民間組織が社会的なサービスを提供するための自発的な行動をとることがある。それには、NGOやNPOの活動が含まれている。それでは、NGOやNPOとはどのような組織を意味するのかを考えてみることにしよう。NGOとは、非政府組織のことである。非政府組織ということは、2つの条件を満たす必要がある。まず、組織でなければならない。たとえば、地震や津波などの自然災害が発生した場合に、近隣の住民が被災者を救済するために救援活動を行うことがあるが、そのような救援活動が自然災害の終息によって解散するのであれば、それは組織とはいえない。組織である以上、継続的な活動がなければならない。たとえば、日本赤十字社は、自然災害などの救援活動を目的とした組織である。

つぎに、NGOは政府や地方自治体から独立した組織でなければならない。このような組織には、企業や労働組合などの利益団体も含まれるし、政党、宗教団体、ボランティア組織のほか、過激派やテロリスト集団などの犯罪組織も含まれる。このような組織のなかでも非営利団体のことをNPOという。非営利組織というのは、自己の利益を目的としない組織、いいかえれば他者の利益を目的とする組織と考えればいいだろう。日本赤十字社は、募金などを通じて収益を上げているが、収益を上げることを目的にした企業とは異なり、その収益を自然災害の被災者や傷病者などに還元することを目標としており、そのような意味において非営利組織といってよいであろう。たとえば、東日本大震災では、日本赤十字社は仮設住宅の入居者に冷蔵庫などの家電製品を無償で提供した。なお、日本赤十字社は、日本赤十字社法によって法人格が認められているが、一般的なNPO法人は、特定非営利活動促進法（NPO法）を根拠にして法人格が得られる。

1-3　日本の利益団体

それでは、日本にはどのような（利益志向型の）利益団体があるのだろうか。

利益団体の種類には、経営者側の立場にある団体、労働者側の立場にある団体、業種・職種別の団体がある。たとえば、経営者側の団体には日本経済団体連合会（経団連）・日本商工会議所（日商）・経済同友会など、労働者側には日本労働組合総連合会（連合）と全国労働組合総連合（全労連）など、業種・職種別には日本医師会や日本遺族会などの団体がある（表13-2）。

2　利益団体の意義と問題点

ここで、利益団体の意義と問題点とは何か、それぞれ順番に考えてみよう。

2-1　意　義

利益団体には3つの意義がある。まず、**利益表出機能**をもっているという点である。利益団体は、何度も述べているように、自らの特殊な利益の実現を目指す集団である。したがって、利益団体を形成することは、その団体の特殊な利益を表出することにほかならない。

2つ目の意義は**代議制の補完**という機能をもっている点である。この代議制の補完を理解するためには、政党の章で学んだ「代議制の媒介」という機能を思い出さなければならない。政党は、議会において、集約した国民の利益を法案や政策に反映させるという機能をもっている。すなわち、政党は国民と議会を媒介するという重要な機能をもっており、これを代議制の媒介という。他方で、利益団体は、政党を通じて、自らの利益を法案や政策に反映できない場合がある。つまり代議制の媒介という機能を利用することができない。なぜなら政党は、選挙において、利益団体の特殊な利益よりも、国民一般の利益のほうを重視するかもしれないからだ（そもそも利益団体に所属する人たちは、一般の人たちよりも、数のうえで少数にとどまる）。

そこで、利益団体は、政党を媒介せずに、自ら議会や省庁に働きかけたりして（直接的ロビー活動）、あるいはデモといった集団的示威行動などを通じて（間接的ロビー活動）、自分たちの利益を実現しようとする。すなわち利益団体は、選挙では少数にとどまる利益を表出することで、自らの特殊な利益をかなえていく（これを「代議制の補完」という）。この代議制の補完という機能は、民主政治において、きわめて重要である。というのは、たとえ利益団体が自分たちの特殊な利益だけを追求しているとしても、その団体を構成するメンバーが国民であることにかわりはないからである。つまり、利益団体は、国民の多様な意見・利益を政治に反映させることに大きく貢献しているのである。なお、利益団体は、（一部の）国民の意見・利益を政治に反映させるという大きな力をもつことから、アメリカでは「第三院」とよばれている。第三院の「第三」とは、上院・下院に次ぐ「三番目」のという意味である。

３つ目の意義は、利益団体が**多元主義**をもたらすという点である。多元主義とは一般的に、主体や価値などが多種多様に存在しているほうが望ましい、と考える立場をさす。政治学の分野における多元主義は、政策決定過程において、複数の主体が存在していることが望ましいと考える立場である。アメリカの政治学者であるR. ダールは、複数の利益団体が対立・協調すること、それは多様な意思を政治に反映させる試みであることから、多元主義に基づく民主政治の重要性を主張している。

2-2　問題点

他方で、利益団体には２つの大きな問題点がある。まず、（利益団体の構成メ

図13-1　鉄のトライアングル

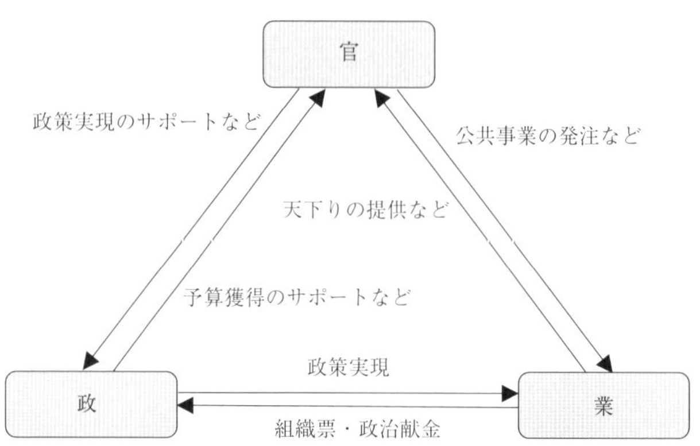

ンバーという一部の国民のために）**利益誘導の政治**をもたらすという点である。政府・議会・省庁・政党・政治家・官僚などは、利益団体の圧力によって、国民一般の利益よりも利益団体の特殊な利益を優先するかもしれない。このような利益誘導の政治は、民主政治にとって重要な問題である。なぜなら、利益団体に所属しない人の利益は政治に反映されないかもしれないからである。

２つ目の問題点は、利益団体が**金権政治**もしくは**腐敗政治**をもたらす、という点である。具体的には、政・官・業の三者が癒着する可能性があり、この三者の関係を**鉄のトライアングル**（鉄の三角形）という。ここでいう「政」とは、**族議員**という特定の省庁や業界との結びつきが強い政治家をさす。そして、「官」は官僚、「業」は企業や業界といった利益団体をさす。政・官・業の三者は、お互いに利益を見いだすことで癒着していく。

図13-1をみてみよう。まず、業（利益団体）は、自らの特殊な利益をかなえるために、政（族議員）に組織票や政治献金を送る。その見返りに、政は業の利益をかなえるための政策を実現させる。政は、選挙で勝利するために、業の組織票や政治献金を必要とするからである。さらに業は、自らの特殊な利益をかなえるために、官（官僚）に**天下り**の機会などを提供する。天下りとは、企業や業界団体などが、退職後のポストとして、自らの企業や業界団体における役職のポストを官僚に用意することである。官は、退職後のポストを得るため

に、業に公共事業を発注したりする。そして、政と官は、業の利益を実現するために、たとえば政は官に予算を多く獲得できるようサポートしたり、官は政に政策を実現するためのサポートをおこなったりするのである。こうして、政・官・業で構成される鉄のトライアングルは、金権政治や腐敗政治をもたらしうるのである。

さらに考えてみよう

政・官・業の癒着構造は、とりわけ自民党が長期に政権を握っていたときに顕在化した。たとえば、1989年のリクルート事件（リクルートの関連会社が未公開株を政・官・業に譲渡。事件後、当時の竹下登内閣は退陣）、1992年の東京佐川急便事件（東京佐川急便の社長が、当時自民党副総裁であった金丸信に不正に5億円を献金。事件後、金丸氏は衆議院議員を辞職。竹下派の経世会は分裂）などがある。

私たちは、鉄のトライアングルという癒着構造を防ぐために、どうすればよいのだろうか。私たち一人ひとりが政治に関心をもって、政・官・業の動きを常日頃からチェックしなければ、鉄のトライアングルが完全になくなることはないであろう。

Questions

1. 日本の利益団体を何か1つ、調べてみよう。その利益団体は、どのような特徴をもっているのだろうか。
2. NGOやNPOの活動を1つ、みんなで調べてみよう。
3. 利益団体の意義と問題点について、みんなで議論してみよう。

読書案内

利益団体について、川北隆雄『**財界の正体**』（講談社現代新書、2011年）、安西巧『**経団連――落日の財界総本山**』（新潮新書、2014年）が、労働組合について知りたい方には、久米郁男『**労働政治――戦後政治のなかの労働組合**』（中公新書、2005年）がお薦めである。また、政治献金については、古賀純一郎『**政治献金――実態と論理**』（岩波新書、2004年）で詳しく知ることができる。

14章　地方自治

この章で学ぶこと

「政治」という言葉をイメージするときに、多くの人は国会や内閣などの国政を思い浮かべるだろう。たしかに国政には国家の骨格や指針を決定する重要な役割がある。しかし、同様に私たちの暮らしや身の回りの問題を扱う地方自治もまた、政治の重要な一部である。本章では、中央と地方の関係を中心に、日本の地方自治の機能や特徴についてみていきたい。

1　地方自治とは何か

1-1　地方自治の理念

地方自治の主体となるのは、都道府県や市町村といった**地方自治体**（法律的には**地方公共団体**とよばれる）である。地方自治体は、国とは異なったレベルで政治や行政を実施する主体であり、2020年1月現在、47の都道府県と1,700あまりの市町村が存在している。これらの地方自治体は、一定の範囲内でその地域を統治する権限を有している。

日本国憲法には、第92条で「地方自治の本旨」という言葉が登場する。同じく、地方自治法第1条にも「地方自治の本旨」という言葉がみられる。この「地方自治の本旨」には2つの意味が込められている。

1つは、**住民自治**である。すなわち、自分たちの生活する地域の問題は、自分たちで問題解決を図るという考え方である。国政レベルでの民主政が実現していても、地方の統治が国によって集中的に管理されているようでは民主主義の実践という観点で不十分だといえる。かつてイギリスの政治学者**J. ブライス**は、住民が身近な地域の政治に参加することで、国の民主政治を運用する能力が身につくと考え、これを「**地方自治は民主主義の学校である**」と表現した。

2つ目に、**団体自治**という考え方である。これは、地方自治体の仕事に中央政府は口出ししないという原則である。

もし地方の統治が中央政府によって管理されると、私たちの身近な諸問題にまで国家権力が入り込み、それが私たちの自由や権利を脅かす存在となるかもしれない。三権分立の制度を取り入れて国家権力の分散を図るのと同様に、中央政府の権限をある程度地方自治体に移譲（地方分権）することで、中央と地方との間に適切なバランスを生み出し、権力の集中による弊害を避けることが可能となる。これが私たちに地方自治が必要となる第2の理由である。この理念を実現させるためには、国家と地方自治体に上下関係があってはならない。明治憲法下では、地方自治という考え方はまったく存在しなかったが、いまでは、地方自治体には、一定の範囲内において、中央政府から自立してその地域の統治をおこなうことが認められている。このため、ときに中央政府と地方政府との間の政府間関係が問題となる場合がある。

1-2 地方自治の制度

議院内閣制をとる日本では、行政（内閣）の長たる内閣総理大臣を有権者が直接選ぶことはできない。選ぶのは、有権者によって選出された国会議員である。これに対し、地方では行政の長である**首長**（都道府県知事や市町村長）と地方議会の議員をそれぞれ直接選挙によって選ぶ**二元代表制**が採用されている。ただし、首長は地方自治体を統括して代表する地位にあるため、その影響力は議会よりも強い。このような二元代表制はアメリカの大統領と連邦議会との関係に近いものがあるが、首長は議会を解散すること、また議会は首長の不信任を議決することがそれぞれ認められているため、議院内閣制に近い性格もあわせもっている（図14-1）。

さらに、地方自治では国政にはない、住民の意向を直接反映させる**直接請求制度**が表14-1のように設定されている。

条例の制定・改廃の請求は**イニシアチブ**（**住民発案**）とよばれ、これは住民が望ましいと考える政策やルールを自分たち自身で発案する制度である。ただし、条例にするかどうかの最終判断は議会がおこなう。首長や議員が住民の意思とかけ離れた行動をしたときは、その解職を請求することができる。これを**リコール**（**解職請求**）とよぶ。同様に、議会が機能していないと住民が判断したときは、その解散を請求することも可能である。

また、これらとは別に、国会が特定の地方自治体にのみ適用される法律を制定する場合には、必ずその地方自治体の住民の意向を確かめる住民投票を実施し、過半数の同意を得なければならないとの定めがある。これを**レファレンダム**（**住民投票**）とよぶ。

図14-1　地方自治の制度

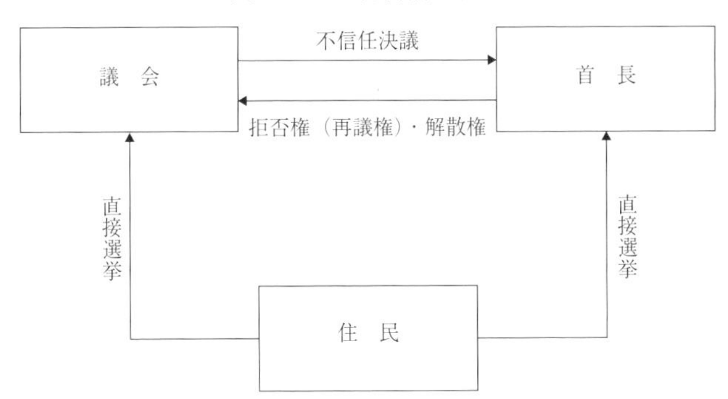

表14-1　直接請求制度

請求内容	必要署名数（有権者）	請求先	成立後の手続き
条例の制定・改廃	50分の1以上	首長	議会での審議・採決
事務の監査		監査委員	監査委員による監査
首長・議員の解職	3分の1 （有権者が40万を超える部分は6分の1）	選挙管理委員会	有権者による住民投票を実施、過半数の賛成で解職・解散を決定
議会の解散			
主要公務員の解職		首長	議会で採決、出席議員の4分の3以上の賛成で解職を決定

2　地方分権

2-1　日本の中央・地方関係

日本において地方自治制度が誕生したのは明治期に入ってからで、しかもそれを進めたのは地方の住民ではなく中央政府であった。近代的統一国家を急速に確立したい明治政府は、廃藩置県によってそれまで藩が担っていた軍事や徴税（税を集めること）事務を中央に移し、代わりに地方には新たに府や県を設置した。その後、地方制度として府県の下に郡と市町村を設置し、形式的には団体自治の制度を導入したが、府県の知事は内務省から派遣された官僚が務め（官選）、また市町村での自治の範囲もかなり制限されるなど、本当の意味での団体自治は実現しなかった。何より1889年に制定された大日本帝国憲法（明治憲法）には地方自治に関する規定は一切なかった。

第二次世界大戦後、日本の非軍事化と民主化を進める連合国軍総司令部（GHQ）は、中央に権限が集中（**中央集権**）する中央・地方関係を大幅に改革しようとした。まず、日本国憲法第８章において地方自治を制度的に保障した。つぎに、1947年に施行された地方自治法で、（1）国の出先機関としての性格が強かった府県を完全な自治体として規定し、（2）知事や市町村長の選出についてはすべて住民の直接投票による公選とし、さらに（3）警察・教育事業を国から地方に移管するなど大幅な地方分権を進めた。

しかし、GHQの進める地方分権化に反発する中央官僚はやがて巻き返しを図り、一部戦前の制度を復活させた。その１つが都道府県知事や市町村長に中央の行政事務の仕事を肩代わりさせる**機関委任事務**である。機関委任事務とは本来なら国が行う行政事務を、住民の利便性や行政の効率を考えて地方自治体にその実施を代行させるというものである。地方自治体の首長は、その業務を実施する間は国の地方行政機関という位置づけとなり、国の監督下に置かれる。

戦後に地方分権が進まなかったもう１つの理由として財源の問題がある。法律によって地方に多くの権限が移管されても、その活動の裏づけとなる財源がなければ地方の裁量の幅は狭まる。GHQは市町村財政の基盤強化を図ろうとしたが、市町村への権限の移譲を嫌う中央省庁や都道府県の反発が強く実現しなかった。そのため、地方自治体は必要とされる行政サービスを実施するための予算のたった４割（かつては３割）程度しか独自の税収で確保することができず、不足分のほとんどを国からの財政移転に依存した。このように財政基盤が脆弱な地方自治の状況を**三割自治**という。そして、国からの財政移転に依拠するために、地方自治は中央のコントロールを受けることになり、裁量の幅が限定されたのである。

以上でみたように、戦後にGHQの後押しもあって、日本でも本格的に地方自治制度が整えられ、地方分権が進むかにみえたが、戦前大きな権限を握っていた中央が巻き返しを図ったために、地方分権は非常に中途半端な形となった。

2-2　中央集権から地方分権へ

ただし、戦後の日本では中央集権によるメリットも少なからずあった。全国に同水準の公教育を普及させ、一定水準の医療や福祉などの社会保障を地方にも実現し、さらには経済成長に必要な電力網や交通網を全国規模で建設するなど、中央政府は強い権限と予算を背景に強力なリーダーシップを発揮した。その甲斐もあり、戦争によって疲弊した日本は短い期間で世界有数の豊かな国へと変貌を遂げ、国民も豊かになった。

しかし、高度経済成長が終わり、国民の**ナショナル・ミニマム**（国家が国民に保障する最低限度の生活水準）が達成されるなかで、中央集権の限界を指摘し、地方分権を訴える声が次第に高まってきた。なぜ地方分権が求められるようになったのか、その理由をここでは３点説明しておきたい。

第１に、経済の成熟化と社会の多様化がある。確かに物質的な豊かさは全国の多くの人に行き渡ったが、少子高齢化、地方経済の疲弊、若者の都会への流出、首都圏の過密化、農業の担い手の減少、そして震災からの復興など、地方は多くの課題を抱えている。

地方によって異なる問題の解決を、中央が全国一律のプランを設計するこれまでのやり方で図ることはむずかしく、地方がそれぞれの実情に見合った判断を主体的に行う方が望ましいという考え方が広まりつつある。

第２に、東京一極集中の是正である。現在は予算や権限が中央に集中しているため、地方が自らの意思で状況を大きく変えようにも限界がある。また、さまざまな権限が集中する東京に、企業や人材が吸い寄せられる。こうした状況を打破するためには、地方分権改革を進め、地方に活気を生み出すことが必要だというわけである。

第３に、地方における総合行政を充実させる必要性が高まったことがあげられる。地方行政は学校教育、ゴミの処理、社会福祉、警察や消防の運営、そして地域経済活性化など実に幅広い業務を日々実施しなければならない。そして、地方人口が減少する昨今、かぎられた予算でこれらの仕事を効率的におこなうには、業務の垣根を越えてそれらを一体的におこなうことが求められる。しかし現状では、教育は文部科学省、社会福祉は厚生労働省、経済活性化は経済産

道州制

国から地方への権限移譲をより積極的に進めるため、現在の都道府県に替わる新しい広域自治体として「州」（北海道だけ「道」という行政単位を継続）をおく地方行政の仕組みを**道州制**とよぶ。ここでは、現在の47都道府県を７から13程度の州・道に再編したうえで、これまで国が担ってきた国土整備、経済産業振興、大規模な公共事業などの権限を道州に移管することが想定されている。もし道州制が実現すれば、国の役割は立法や司法以外は外交、安全保障、国家戦略、通商戦略、大規模災害対策などに限定されることから、明治以来続いた日本の中央・地方関係、さらには「国のかたち」が大きく変化することになる。

道州制の実現をめぐっては、自民党が2012年の衆院選において「道州制基本法の早期制定後、５年以内の道州制実現を目指す」ことを公約とし、これに基づいて道州制推進基本法案の骨子案を2014年に発表するなど積極的な姿勢をみせていたが、その後法案が国会に提出するまでには至っておらず、最近ではその実現への動きはかなりトーンダウンした。その背景にあるのは、道州制に反対する人びとの反発である。その反対の理由はさまざまであるが、何より明治以降１世紀以上にわたって続く47都道府県の枠組みを廃止することへの抵抗は根強い。また、道州制の導入とともに、全国の市町村も基礎自治体として再編することが予定されているが、「平成の大合併」を経てそれまで3,200ほどあった市町村が現在では1,700にまで集約され、これが基礎自治体としてさらに集約されると、住民へのきめ細やかなサービスが提供できなくなるのではないかとの心配の声も聞かれる。

また、道州制実施による大規模な地方分権が実現すれば、これまで大きな予算や権限を握っていた中央府省は解体・再編成を余儀なくされるため、中央官僚がはたしてこの動きに素直に協力するのか、注目されるところである。

業省の監督やルールにそれぞれ従わなくてはならないため、ときにそうした一体的な行政は制限される場合がある。こうした中央の「縦割り行政」の弊害によって、地方に創意工夫の余地が認められないのであれば、中央の権限を地方に移管した方が望ましい。

1990年代に入り、国会も地方分権に積極的となり、1995年に地方分権推進法を、そして1999年には**地方分権一括法**をそれぞれ成立させた。地方分権一括法は、これまで中央と地方に上下関係を生み出していた機関委任事務を廃止し、これを仕分け直して地方自治体が独自に処理する**自治事務**と、引き続き国から地方にその実施を委託する**法定受託事務**とに再編成した。法定受託事務は国と地方自治体が対等の関係にあることを前提としており、また国の地方への関与も法律で定められた必要最小限度内にとどめなければならないとされている。

さらに、地方の中央への財政依存状況を是正する**三位一体の改革**も小泉政権期に実施された。この改革は国から地方に税源を移しつつ、国から地方への資金の流れを絞り込もうとするものであった。本来であれば財源の移譲によって地方の「三割自治」は改善されるはずであったが、この改革は財政の地方分権だけでなく、国の財政再建を進める目的ももっていたために、結局、国の財政赤字を地方に押し付けたにすぎなかったとの批判も聞かれる。

さらに考えてみよう

本章では、日本の中央・地方関係や地方分権に関わる問題について考えてきた。かつて日本は、中央集権的な国家の仕組みを整備することで、明治維新以降の急速な近代化、そして第二次世界大戦後の荒廃からの目覚ましい経済復興をそれぞれ遂げてきた。こうした成果があった反面で、地方自治の理念は国民にしっかりと定着せず、また地方の権限も弱いままであった。しかし、**道州制**の議論にもみられるように、中央と地方の関係を考え直そうとする動きは断続的にみられる。

だが、私たちはこうした動きをどこまで理解しているだろうか。そして、どれだけ自分たちに直接関わる課題として捉えているだろうか。私たちが政治の「主人公」となって、身の回りの政治に関わろうとする態度をもたないかぎり、道州制が導入されたとしても、結局それは「ミニ国家」ができるだけでしかなく、日本の政治のしくみはそれほど変わらない。もう一度、「地方自治は民主主義の学校」という言葉の意味を思い起こし、身の回りの問題の解決を誰かに任せるのではなく、私たちは自分が住む地域のために何ができるのかをじっくりと考えたいものである。

Questions

1. 地方自治は私たちの自由や諸権利を守るために重要だと説明したが、実際には地方選挙（首長選挙、議会選挙）の投票率は国政選挙に比べると一般的にかなり低い。それはなぜだろうか。
2. みなさんが住む地方自治体で、これまでリコールやイニシアチブはあっただろうか、調べてみよう。
3. もし道州制が実現されることになると日本の地方自治制度や「国のかたち」は大きく変化することになる。道州制の利点と欠点を調べたうえで、道州制の導入に賛成か反対を考えてみよう。

読書案内

地方自治の概要を知りたい人へは入江容子・京俊介編著**『地方自治入門』**（ミネルヴァ書房、2020年）をあげておく。やや大部ではあるが、基本的な事柄が初修者向けに平易に書かれている。人口減少が深刻化する地方行政の現実を知りたい人は、増田寛也**『地方消滅』**（中公新書、2014年）やNHKスペシャル取材班**『縮小ニッポンの衝撃』**（講談社現代新書、2017年）を紹介しておきたい。前者は「消滅可能性都市」という概念を提示しつつ、もはや打つ手がなくなりつつある地方衰退の現実に警鐘を鳴らし、後者は、首都圏の自治体でも「消滅」の可能性が迫りつつある実態を明らかにしている。

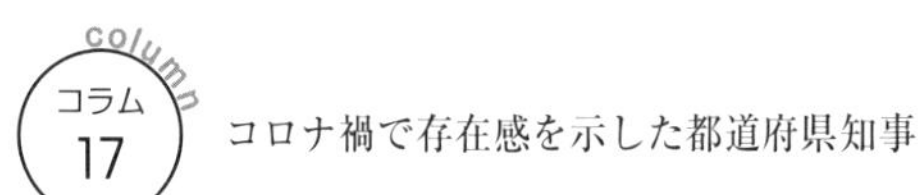

コロナ禍で存在感を示した都道府県知事

2020年に大規模な感染拡大が見られた新型コロナウイルス（Covid-19）への対応をきっかけに、国と地方の役割をめぐる議論がにわかに活性化した。その中でクローズアップされたのが都道府県知事の存在感である。全国で最も早く緊急事態宣言を発した北海道の鈴木直道知事、国の基準にとらわれない積極的なPCR検査の実施によって感染拡大を防いだ和歌山県の仁坂吉伸知事などのリーダーシップは、「全世帯一律マスク２枚配布」という時の総理大臣の決断との比較において、大いに注目されるところとなった。

ただし、一部の知事の振る舞いについては、人気取りのスタンドプレーだと批判する向きもあった。つまり、政策の中身ではなく演出によって不安な人々の歓心を買ったに過ぎないというのである。

確かに知事選や知事肝いりの住民投票が予定されていた自治体もあったため、こうした批判も的外れとは言い難い。とはいえ、北海道の休校要請、東京都の休業協力者への支援金支給、大阪府の休業要請解除のための独自基準設定など、その後、政府や他の自治体に影響を与えた地方発の施策も少なくない。この観点に立てば、現場を知る地方自治体の首長が自身の判断で様々なアイデアを試すことは、決して悪いことではないだろう。コロナ対策に限らず、知事が課題解決にむけてアイデアを競い合う姿が定着すれば、日本の中央－地方関係は少し変わるのかもしれない。

15章　現代日本の政治

この章で学ぶこと

本章では日本の政治のこれまでとこれからを、政治における対立軸や争点を中心に考える。保守と革新の軸によって各政党の位置づけを示すイデオロギー尺度（3章のコラム参照）は、有権者が支持政党や投票する候補者を決定するときに有益な指標となったし、保守と革新のあいだに分かりやすい対立軸があった。しかし冷戦終焉によってイデオロギー上の対立が消滅すると、この尺度で支持政党や投票する候補者を決めることができなくなった。それでは人びとは何を基準に政党や政策に対する支持を決めているのだろうか。また今日の政治における対立軸はどのようなものなのだろうか。

1　冷戦時代の対立軸

1-1　イデオロギー対立の時代

1931年の満州事変から15年間続いた日本の対外戦争は、1945年8月のポツダム宣言受諾をもって終結した。これ以降、日本の戦後の歩みがはじまるが、それはまずアメリカを中心とする連合国軍の占領統治によって幕が上がった。アメリカの初期の対日占領政策の目的は、日本が二度と戦争を起こすことがないよう、**非軍事化**と**民主化**を図ることであった。連合国最高司令官のD. マッカーサーとその総司令部（GHQ）は、日本の政治や社会の隅々にまで徹底してメスを入れたが、ここでは日本が再び工業国として復活することは望まれていなかった。

日本で占領統治がおこなわれていたころ、アメリカ（資本主義）とソ連（社会主義）との間のイデオロギー対立が深刻化し、ヨーロッパを中心にアメリカ側陣営（西側諸国）とソ連側陣営（東側諸国）に世界は分断されていった。米ソ間のイデオロギー対立はやがて軍事的な対立に発展、両陣営ともに相手からの攻撃に備えて核兵器の開発、保有を追求したため、やがてこれが際限のない核軍拡競争につながった。ただ核兵器の登場によって、米ソの戦争は最後に必ず核戦争にエスカレートすることが予想されたので、米ソ両国の間では対立が戦争に決して至らないように管理することが暗黙の了解となった。ここから、米ソ対立は戦争にこそ至らないながらも深刻な緊張関係が続く**冷戦**とよばれる状態が続いた。

米ソ冷戦は、アメリカにとっての日本の位置づけを大きく変えるきっかけとなった。もし日本の地理的位置や人口、工業力がソ連側に渡れば、対ソ戦略にとって大きな痛手だが、これを味方につけることができれば戦略的に優位に立つことができる。そう考えたアメリカは初期の対日占領政策を緩和し、経済復興を進めて日本に西側陣営の一角として再独立させる方針に転換した。この方針転換は1949年の中華人民共和国の成立、そして1950年の朝鮮戦争を経て、冷戦がアジアにまで拡大したことで決定的となった。

こうして、1951年に日本はかつて戦った国々との講和の機会をようやく得ることとなった。このとき吉田茂首相は、ソ連や中国を除く国々との講和（**片面講和**）を選択したが、国内では社会党などがアメリカを中心とする国とだけの講和を批判、ソ連、中国も含むすべての国々との講和（**全面講和**）を訴えた。この片面講和か全面講和かという対立は、日米安全保障条約（日米安保）か非武装中立かという対立に展開し、やがて国論を二分する政治的な対立軸となった。

1-2　55年体制下の保革対立

戦後、多数の政党が乱立する状況がしばらく続いたが、やがて保守と革新を軸に集約されていく。そのなかで、サンフランシスコ講和会議の賛否をめぐって分裂していた左派社会党と右派社会党が1955年10月に再合流、**日本社会党**（以下、社会党と略記）が結成された。この結果、社会党は衆議院で156議席を有し、日本民主党の185議席に次ぐ第2の勢力となった。革新政党の勢力拡大に危機感を覚えた自由党、日本民主党の保守政党2党は、両党の合併（**保守合同**）によって対抗しようと画策、これが1955年11月の**自由民主党**（以下、自民党と略記）結成へとつながっていく。その結果、国会では単一の巨大政党の自民党（保守）と、議席の3分の1ほどを占める社会党（革新）とが対立する構図がこの後38年間も続くこととなる。これを**55年体制**とよぶ。

この当時の保守と革新の対立軸は何だったのだろうか。まずイデオロギー上の対立として資本主義対社会主義があげられる。これ以外に日本に特有の対立軸として、保守が反共親米、日米安保賛成、再軍備賛成、戦前の政治体制の（部分的な）容認、そして改憲などの立場をとるのに対し、革新は、冷戦体制下の中立、日米安保反対、再軍備反対、戦前体制への回帰反対、そして護憲などの立場を訴えた。

保守と革新の対立軸はその後1990年代まで続くが、国会の議席にあらわれる勢力図でみると、自民党はつねに社会党およびそのほかの革新政党の2倍前後の議席を獲得していた（**1と2分の1政党制**）。とはいえ、それは自民党が進める保守的な政策がつねに支持されてきたというわけではない。たとえば、

1956年に首相に就任した岸信介は、自主憲法の制定や日米安保の改定を目指したが、彼の経歴（岸はかつて経済官僚、商工大臣として戦時経済体制を指揮監督した）や政治手法から、国民は岸が戦後民主主義を修正して、戦前の価値観に回帰しようとしているのではないかとの警戒感をもった。こうした警戒感は、岸が日米安保条約の改定を進めた際の反対運動につながり、労働組合や市民団体、学生団体などによる安保改定反対デモ（**安保闘争**）が日本各地で展開され、そのうちの一部は国会内にまで突入した。このような政治上の混乱を収束させるために、岸内閣は安保条約が改定されたのを見届けた後に総辞職を余儀なくされた。

安保闘争を目の当たりにした自民党は、保守的なイデオロギーを前面に押しだす政策は国民から強い反発を引き起こしかねないとする教訓を得た。そのため、岸の後を継いだ池田勇人内閣の**国民所得倍増計画**に象徴されるように、自民党は国民の間で利害対立の少ない経済成長を重視する路線に変更した。こうした柔軟性もあり、自民党は1993年まで長期にわたり与党として政権を担当することとなる。

2　冷戦の終焉とイデオロギー対立の後景化

戦後の国際政治の特徴を決定づけた米ソ冷戦であったが、その最後はあまりにあっけなく、唐突であった。1981年にアメリカ大統領に就任したR. レーガンは、彼が「悪の帝国」と呼んだソ連に対抗するために大規模な軍拡をおこなった（**新冷戦**）。ソ連は当初はこれに対抗しようとしたが、社会主義に基づく計画経済が行きづまり、国内経済が破綻の危機に瀕したため軍拡どころではなくなった。1985年に書記長に就任したM. ゴルバチョフはアメリカと対話姿勢に転じ、国内経済の立て直しを優先した（**ペレストロイカ**）。この後、米ソ間で史上初の核軍縮条約（INF全廃条約）の締結、東欧諸国の民主化とベルリンの壁崩壊（1989年）、東西ドイツの再統一（1990年）、そしてソ連の崩壊（1991年）と冷戦は一気に終幕に突入する。

こうした社会主義体制の崩壊は、日本国内のイデオロギー対立にも影響を与えた。つまり、社会主義がもはや現実的な選択肢ではなくなったので、社会主義的な色合いをもつ革新勢力はこれ以降、退潮していくことになる。

保守対革新という対立軸がさらに不明瞭になる出来事があった。それは、長らく反目しあっていた自民党と社会党による連立政権が1995年に発足したことである。なぜこのような事態になったのか、少し説明しよう。1980年代後半、日本の政治はカネにまつわるスキャンダルにあふれていた。この「政治とカネ」をめぐる問題は、長らく政権与党に君臨してきた自民党議員に多くみられたため、国民の自民党に対する批判は高まる一方だった。こうした怒れる有権者が1989年の参院選で自民党に厳しい審判を下した結果、自民党は結党以来維持してきた参議院での過半数を失うこととなった。

この事態を受けて、自民党内では衆院選での小選挙区制の導入を軸とした選挙制度改革を進め、政治とカネのつながりを断ちつつ政権交代可能な二大政党制への転換を図ろうとするグループが次第に勢力を増した。こうした勢力は、1993年に宮澤喜一内閣が選挙制度改革にあまり熱心ではないとみるや、野党が提出した内閣不信任決議案に同調し、宮澤内閣に反旗をひるがえした。これに対して宮澤首相は衆議院を解散、総選挙に打って出たが、このとき自民党から多くの議員が離党し、新たに政党を立ち上げたために票は割れた。選挙の結果、自民党は比較第一党にはとどまったものの過半数を割り込んだ。

すべての党が単独で過半数を得ることができなかったため、各党は連立政権を模索した。その結果、自民党、共産党以外の7党1会派からなる**非自民連立政権**が誕生し、自民党は結党以来はじめて野党に転落した。ここに55年体制が確立されて以降、はじめての政権交代が起こると同時に、55年体制は終焉を迎えた。ただし、寄り合い所帯の連立政権は1994年には早くも分裂、最大勢力だった社会党が連立政権から離脱したことで、非自民連立政権はあえなく崩壊した。

ここで自民党が再び政権奪還を目指して動いた。単独過半数をもたない自民党は、なんと長年対立関係にあった社会党の村山富市委員長を内閣総理大臣に据えることを条件に同党との連立を模索、社会党もこれに応じたために自民党、社会党、新党さきがけからなる「自社さ連立政権」が誕生した。このとき社会党は自民党との連立にあたり、自衛隊、日米安保、原子力発電、日の丸・君が代などをいずれも反対から容認へ転換し、同党の基本方針を大きく変えた。こうした路線変更が社会党の特色を失わせ、同党の退潮を加速させる原因の１つとなった。

3　イデオロギー対立の後に――無党派層の拡大と「風」

3-1　無党派層はなぜ生まれたのか

戦後しばらくの間、有権者は自身の価値観やイデオロギーを体現する政党が提供する政策の束（政策パッケージ）にすべて委ねるといった投票行動が可能だった。ところが冷戦の終焉とともにイデオロギー対立が後景に退いたことや、長らく革新の立場にあった社会党が基本政策を大きく転換させたことなどから、もはやイデオロギーは政党の違いの目印とならなくなった。さらに、1993年以降の政界再編によって政党の離合集散が活発になったり、新しい政党が生まれては消えていくことを繰り返したりする中で、特定の政党への支持を止める有権者が増加した。

こうした経緯から、特定の支持政党をもたない「無党派層」が1990年代中頃に急増、今日に至るまでおよそ５割前後で推移している。無党派層が1960年代後半で１割程度、それ以降も2-3割程度だったことと比較すると、その急拡大ぶりが注目されよう。

では、特定の支持政党をもたない有権者は、どのように投票先を決めるのだろうか。その１つの方法として政策投票というものがある。これは、選挙が行われる時点で生じている政治課題について、各候補者や政党が主張する政策を比較しながら自身の考えにもっとも近い候補者・政党に票を投じるというものである。一見、理想的な方法に思えるかもしれないが、実際にこれを行うためには、現代社会の主要な問題を理解したり、各候補者や政党の掲げる選挙公約を吟味したりするため、かなりの労力と手間（情報コスト）がかかる。

もう１つの方法として業績投票がある。これは過去の政権与党の仕事ぶりへの評価が有権者の投票に結びつくという考え方である。直近の政権党の仕事に満足していれば再び政権党に、不満足であれば他の党に投票するというのが業績投票である。確かに、過去の政権の働きぶりを評価するために必要な情報コストはそれほど大きくないかもしれない。ただ、参院選だと３年、衆院選でも４年という短いスパンの中で、政権の働きぶりが評価できるだけの判断材料が毎回そろっているともかぎらない。

そこで、無党派層が拡大する中で注目されるのが「風」である。これは、何かしらのブームをきっかけに、無党派層が大挙して特定の政党や候補者を支持する現象であり、与党に吹くこともあれば野党に吹くこともある。有権者に人気の高い政治家が現れたり、その人が新党を創設したりする際に「風」が吹きやすい。それでは、2000年代以降に「風」が吹いたとされる選挙の様子を見てみよう。

3−2　郵政選挙（2005年）

郵便、郵便貯金（郵貯）、簡易生命保険（簡保）からなる郵政三事業は、明治以来、国が直接運営する国営事業として維持されてきた。しかし、日本経済の発展とともに銀行や生命保険会社が発達すると、なぜ民間でできる仕事を国がいつまでもおこなうのかといった批判が提起された。同様の問題は、かつて鉄道事業（国鉄）、電信電話事業（日本電電公社）、たばこや塩等の製造・専売事業（日本専売公社）でも生じていたが、これら三公社は1980年代半ばに中曽根康弘首相の下、民営化がおこなわれていた。

郵政民営化がなかなか着手されなかった理由の１つとして、郵政事業にかかわる利益団体（13章を参照）の影響力がしばしば指摘される。こうした利益団体によって支持された国会議員が自民党に多く、彼（女）たちが郵政民営化に強く反対してきたのである。

2001年に小泉純一郎氏が自民党総裁、そして内閣総理大臣に就任すると流れが一気に変わった。郵政三事業の民営化をライフワークとしてきた小泉氏は、党内の反発を押し切って2005年に郵政民営化関連法案を国会に提出した。しかし、民営化に反対する自民党の国会議員が、法案の採決で反対票を投じる「造反」を行った結果、衆議院では辛くも法案が可決されたものの、参議院では賛成が過半数に達せず否決された。議院内閣制の日本において内閣提出法案が与党議員の反対によって否決されることはきわめて異例のことである（11章参照）。

これに対し、小泉氏は「郵政民営化の賛否を国民に問う」として衆議院を解散、総選挙に打って出た。この時、造反議員の一部は自民党を去り新党を結成したが、自民党に残った議員も少なからず存在した。小泉氏は造反議員が立候補しても自民党の公認を与えず、そればかりかその選挙区に自民党公認を与えた新たな候補を「刺客」として送り込むなど、徹底して造反議員を追い詰めた。

小泉氏が演出するドラマさながらの選挙戦はメディアの注目を集め、連日多くの時間がこうした候補者をとりまく人間模様の解説に充てられた。これが結果的に自民党、さらに言えば小泉氏に人々の注目を集める効果を発揮し、自民党は改選前の212議席を大きく上回る296議席を獲得、連立を組む公明党の31議席を合わせると327議席（全480議席）を獲得する圧勝となった。

かねてより「無党派層は宝の山」と言ってはばからない小泉氏が、郵政選挙においても頼みにしたのが無党派層であった。民営化に反対する自民党議員を「抵抗勢力」と呼んで徹底的に批判したり、先に述べた「刺客」を送り込んだりする「演出」は、多くの無党派層を選挙に呼び込むのに効果をあげ、まさに小泉氏支持の「風」となったのである。

3-3　政権交代選挙（2009年）

小泉氏支持に吹いた「風」は、次の総選挙では自民党にとって強烈な逆風に変わった。2006年に小泉氏の後を継いで首相となった安倍晋三氏は、「消えた年金問題」や閣僚の不祥事などにより政権の支持率低下に悩まされた。その最中に実施された2007年の参院選で自民党は惨敗、自公両党で過半数を獲得できなかっただけでなく、1955年の結党以来維持してきた参議院第一党の座を民主党に譲り渡す結果となった。これにより、衆議院と参議院の第一党が異なる状況（ねじれ国会）が生じ、自民党の政権運営は難しくなった。安倍氏の後を継いだ福田康夫、麻生太郎の両氏もねじれ国会やリーマン・ショックへの対処に手間取ったことなどから、自民党に対する有権者の不満は高まっていった。

「低迷する政治の局面を一気に打開したい」―そんな思いをもった無党派層

の期待の受け皿となったのが民主党であった。2009年の衆院選では「政権交代」をスローガンに掲げた民主党に強力な「追い風」が吹き、小選挙区で3348万票、比例代表で2984万票を得た結果、480議席中308議席を獲得するという記録的圧勝を成し遂げた。この結果、参議院に続き衆議院でも民主党が第一党となり「ねじれ状態」は解消、1994年以来の政権交代が実現した。

政権発足当初、鳩山由紀夫内閣の支持率は70%を超えた。しかし、この時の「風」も長くは吹かなかった。選挙前に民主党が掲げた政権公約（マニフェスト）が非現実的な内容であったことが次々と発覚したこと、また政権運営でも強引な「脱官僚」路線、米軍普天間基地移設問題での迷走など、その未熟さが露呈したことなどから民主党への期待感は急速にしぼんでいった。その後、鳩山氏の後を継いだ菅直人、野田佳彦両政権でも民主党は支持率を回復することができず、迎えた2012年の総選挙ではわずか57議席の獲得に留まるという大敗を喫した。この時、民主党が獲得したのは小選挙区で1360万票、比例代表で963万票であり、大勝した2009年の衆院選からそれぞれ約2000万票を失ったことになる。自民党に比べると議員個人の後援会や友好団体、地方組織などの支持基盤が弱い民主党にとって、都市部に暮らす無党派層の支持獲得は生命線となるが、2012年衆院選の大敗は、「風頼み」の脆さが現れた結果とみることができよう。

3-4 「自民一強」の分析

この選挙で294議席を獲得し政権に返り咲いた自民党の安倍晋三総裁は第2次安倍内閣を組閣、以降2020年に健康問題で総理大臣を辞任するまで、衆参あわせて5度の選挙で自民党を勝利に導いてきた。その結果、安倍氏は歴代最長の首相在位記録（3188日）を樹立することとなった。最後に、安倍自民党が選挙で連勝できた理由を確認しておこう。

端的に表現するなら、安倍自民党の選挙戦略とは、「風」には頼らず固定票を重視するものであった。図15-1は2000年代以降の衆院選の結果を示している。自民党が政権奪還を果たした2012年の総選挙以降、自民党の議席数は2005年の郵政選挙と同水準を維持している。しかし、比例代表の絶対得票率（有

図15-1　衆議院議員総選挙での自民党の獲得議席数と比例代表の絶対得票率

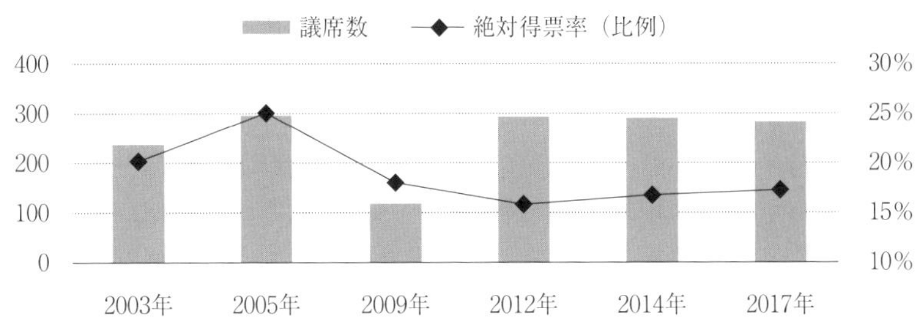

出典：総務省データに基づき作成

権者総数に占める得票率）をみると、2010年代の3回の総選挙は、民主党に敗れた2009年総選挙の得票率にすら及んでいないことがわかる。なぜ、これで自民党は3度連続で2005年に匹敵する議席数を獲得できたのだろうか。その答えは低投票率にある。2005年に67.51%、2009年には69.28%に達した投票率は2012年以降、59.32%、52.66%、53.68%と戦後最低水準を推移している。低投票率の選挙では「風」は吹かない。であれば、安定した支持基盤をもつ政党が有利となる。つまり、無党派層があまり参加しない選挙では、自民党や公明党のように固定票をもつ政党がその強みを発揮するのである。かつて、自民党の森喜朗首相（当時）は「無党派層は投票日に寝ててくれれば良い」と発言したことが問題視されたことがあったが、固定票を恃みとする政治家としては、それは偽らざる本音なのだろう。

さらに考えてみよう

2017年総選挙の比例代表の得票数を比べると、自民党の1856万票に対して、民主党の流れをくむ立憲民主党（1108万票）と希望の党（968万票）を合計すると2076万票となり、自民党を凌駕する。これに維新の会の339万票、あるいは共産党の440万票を合計すると、自民と公明の合計2550万票にほぼ匹敵する。

与党と野党の得票数にそれほど大きな開きがないのに、なぜ「自民一強」が続くのだろうか。それは、野党が分裂状態にあるからである。本来、小選挙区制は大政党に有利となるため二大政党制が出現しやすくなる（8章、12章参照）。しかし、民主党の下野以降、野党は複雑な離合集散を繰り返し、自公政権に対する批判票の受け皿となれる政党が誕生していない。その結果、投票したい野党が存在しないため「投票日に寝ている」無党派層も少なからずいるだろう。だからと言って、単に数合わせのためにおこなう野党合流も有権者には既視感があり、飽き飽きしている。

近い将来に、自民党に明確な対立軸を示し、再び政権交代を訴えかける大きな野党は現れるのだろうか。もし現れたとしても、それは「風頼み」の選挙を乗り越えることができるのだろうか。また、そこで示される対立軸とはどのようなものなのか。本書執筆段階ではまだその輪郭すらみえてこないが、いつまでも「一強多弱」が続くというのは日本の政党政治にとって望ましいことではないだろう。

Questions

1. かつての保革対立の論点であった日米安保体制、自衛隊、改憲をめぐる人びとの考え方や意識は21世紀に入りどのように変化してきたのだろうか。内閣府や新聞社などが実施している世論調査を検索して検証してみよう。
2. 郵政民営化に反対した利益団体にはどのようなものがあるだろうか。また、それらは現在、どの政党や国会議員を支援しているか調べてみよう。
3. 2012年の衆院選で政権復帰して以降、自民党は国政選挙において5回連続で勝利した（本書執筆時まで）。この間にみられるのは、「一強多弱」ともいえる野党の分極状況である。なぜ、野党はまとまって自民党に対抗しようとしないのか。野党の結集を阻むものがあるとすれば、それは何なのだろうか。

読書案内

55年体制の際に与党であった自民党について知りたい人は星浩**『自民党と戦後――政権党の50年』**（講談社現代新書、2005年）を、2000年代以降の自民党の変化については先にも紹介した中北浩爾**『自民党――「一強」の実像』**（中公新書、2017年）を一読して欲しい。また、野党であった社会党を知りたい方は原彬久**『戦後史のなかの日本社会党――その理想主義とは何であったのか』**（中公新書、2000年）を薦めたい。

索　　引

【さ　行】

【た　行】

【な　行】

【は　行】

【ま　行】

【や　行】

【ら　行】

【わ　行】

■**執筆者紹介**（執筆順）

佐藤　史郎　　1章、3章、9章、12章、13章

1975年、大阪府生まれ

東京農業大学生物産業学部准教授

【主要業績】

『時政学への挑戦』（分担執筆）ミネルヴァ書房、2021年

『安全保障の位相角』（共編著）法律文化社、2018年

『日本外交の論点』（共編著）法律文化社、2018年

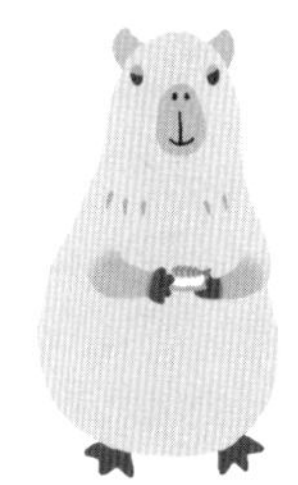

上野　友也　　2章、4章、5章、6章、7章、10章

1975年、愛知県生まれ

岐阜大学教育学部准教授

【主要業績】

『戦争と人道支援――戦争の被災をめぐる人道の政治』東北大学出版会、2012年

『グローバル・コモンズ』（分担執筆）岩波書店、2015年

『国際関係のなかの子どもたち』（分担執筆）晃洋書房、2015年

松村　博行　　8章、11章、14章、15章

1975年、大阪府生まれ

岡山理科大学経営学部准教授

【主要業績】

『米中経済摩擦の政治経済学』（分担執筆）晃洋書房、2021年

『新グローバル公共政策 改訂第2版』（分担執筆）晃洋書房、2021年

『安全保障の位相角』（分担執筆）法律文化社、2018年

Horitsu Bunka Sha

はじめての政治学〔第3版〕

2014年4月15日　初　版第1刷発行
2017年4月5日　第2版第1刷発行
2021年4月15日　第3版第1刷発行

著　者　佐藤史郎・上野友也
松村博行

発行者　田靡純子

発行所　株式会社　法律文化社

〒603-8053
京都市北区上賀茂岩ヶ垣内町71
電話 075(791)7131　FAX 075(721)8400
https://www.hou-bun.com/

印刷：西濃印刷㈱／製本：㈱藤沢製本
イラスト：橋本　勝

ISBN978-4-589-04142-5